CADEIA (1ª EDIÇÃO REVISTA E AMPLIADA)

RELATOS SOBRE MULHERES

DEBORA DINIZ

CIVILIZAÇÃO BRASILEIRA

Rio de Janeiro | 2025

Texto revisado segundo o Acordo Ortográfico da Língua Portuguesa de 1990.

Direitos desta edição adquiridos pela
EDITORA CIVILIZAÇÃO BRASILEIRA
Um selo da
EDITORA JOSÉ OLYMPIO LTDA.
Rua Argentina, 171 – 3o andar – São Cristóvão
Rio de Janeiro, RJ – 20921–380
Tel.: (21) 2585–2000.

Seja um leitor preferencial Record.
Cadastre-se no site www.record.com.br
e receba informações sobre nossos lançamentos e nossas promoções.

Atendimento e venda direta ao leitor:
sac@record.com.br

CIP-BRASIL. CATALOGAÇÃO NA PUBLICAÇÃO
SINDICATO NACIONAL DOS EDITORES DE LIVROS, RJ

D61c Diniz, Debora
Cadeia : relatos sobre mulheres / Debora Diniz. - 1. ed. - Rio de Janeiro : Civilização Brasileira, 2025.

"Edição revista e ampliada"
ISBN 978-65-5802-262-6

1. Prisioneiras - Brasília (DF). 2. Prisão. 3. Prisões - Missões e assistência social. I. Título.

CDD: 365.430981
25-100608.0 CDU: 343.811-055.2

Carla Rosa Martins Gonçalves - Bibliotecária - CRB-7/4782

Impresso no Brasil
2025

Ao amigo
Alberto Silva Franco

SUMÁRIO

PREFÁCIO: DEZ ANOS DEPOIS

"Li seu livro, d. Debora."

Eu retornava ao presídio da capital, não mais como pesquisadora, mas como visitadora. No modo de falar do presídio, eu era uma "aderente de presa", uma conhecida que visitava levando entre os braços uma COBAL – gíria para o conjunto de bens autorizados a entrar no presídio – e notícias do fora. Um grupinho de presas sabia que eu chegaria e já fazia circular este livro com algumas histórias arrancadas. Não sei se a expropriação foi para posse própria ou por censura interna. Elas riam, o assunto era saber se houve mesmo um tempo em que colete preto da segurança controlou higiene íntima. Queriam detalhes, mas ela pediu silêncio. Eu estava ali para visitar a menina-xerifa da unidade socioeducativa de internação com quem troquei cartas e escrevi um livro.[1] A menina, agora mulher adulta e prisioneira, me descreveu como

---

1 Diniz, Debora; Gumieri, Sinara (org.). *Letras e traços da cadeia de papel.* Ilustrações de Valentina Fraiz. Brasília: LetrasLivres, 2018.

"a professora" em concurso de nacional de redação.[2] Ela me fez única, eu a mantenho sem nome. Não acompanhei a chegada da menina ao Núcleo de Saúde, como fiz com Lorrayne neste livro, mas a imagino: recém-descida do bonde, cheirando a rua, em abstinência da droga ("Acolhimento", p. 27).

"Ela não é d. Debora. É minha professora", anunciou em um megafone, subindo o tom do possessivo. Uma mais ousada, ou desafeto valente, gritou fino: "d. Debora". Houve silêncio, emendei um assunto qualquer. Pressenti intercorrência noturna, alguém iria para o Seguro, e não seria minha aderente. Ela era agora xerifa, com trabalho de que a massa dependia para a sobrevivência. "Encontrei minha profissão, sou contadora", explicou. Passei em desalinho mental os ofícios do presídio – cabeleireira, manicure, costureira, recicladora – e nada se parecia à definição. Pedi explicações, quem sabe era um modo de falar desconhecido. "Eu empresto dinheiro e cobro juros. O dinheiro cresce, precisa ser boa gerente no trabalho em equipe," continuou, "é só manter a vigilância e o controle das datas." Enquanto seguia a explicação, colete preto da segurança não esboçou reação, sinal de que não havia regra violada. Saí da visita com a promessa de que, em caso de necessidade, contasse com ela, daria um jeito de o dinheiro ou a proteção me alcançar no fora. Salário de professora não é muita coisa, insinuou sem qualquer ofensa ao meu jeito de sobreviver. As notícias sobre ela vão rareando,

---

2 ONU. "Menina que cumpria medida socioeducativa no DF vence concurso de textos da Unesco". Nações Unidas. Brasil. 2018. Disponível em: <https://brasil.un.org/pt-br/80881-menina-que-cumpria-medida-socioeducativa-no-df-vence-concurso-de-textos-da-unesco>. Acesso em: 3 out. 2025.

como acontece com todas com pena que pesa o futuro. Até hoje não precisei de seus serviços, antecipo curiosidade.

Há dez anos escrevi este livro. Ele foi feito no tempo do vivido: foram seis meses de presença em um dos poucos espaços do presídio em que a presa não é o artigo do Código Penal que corresponde ao delito cometido; é também um corpo sofrente. Quando cheguei ao Núcleo de Saúde do presídio feminino da capital do país, eu tinha anos de pesquisa social nos formatos tradicionais sobre presídio – questionário, entrevistas, caderno de campo e prancheta. Os números me diziam quem eram elas, o que fizeram, como sobreviviam. Eu tinha afiada a crítica de Angela Davis à ineficácia da prisão e sua injusta seletividade.[3] Nesse tipo de interação acadêmica, as presas falavam para a sra. pesquisadora, assim como se dirigiam ao dr. Juiz, ao dr. Promotor, ou a quem mais representasse o poder do mundo do fora. Em presídio, consentimento é o direito de dizer "não" a uma pesquisa, uma vontade insuficiente para criar vínculos e relações de confiança. Inconformada com o que os métodos de pesquisa me deixavam conhecer, iniciei um experimento antropológico: ajeitei-me em uma cadeira nos cubículos do assistente social, da médica e da psicóloga, os cuidadores do corpo no presídio, e passei a escutar e anotar conversas. Diariamente, por seis meses, presas e trabalhadores de jaleco branco e colete preto falavam entre si. Eu não usava gravador, esse instrumento com jeito investigativo. Tomava notas. No dia seguinte, já

3 Davis, Angela. *Estarão as prisões obsoletas?* Tradução de Marina Vargas. Rio de Janeiro: Bertrand Brasil, 2018.

circulava uma memória da história do dia anterior com quem mais tivesse presenciado a cena. Era um testemunho compartilhado ou "história conferida", para ser fiel à linguagem do presídio. Essa é a explicação de por que encerrei "Início" com um intertexto à tradição do documentário-verdade: "exceto pelos nomes, *é tudo verdade*" neste livro.

Com o fim da pesquisa de campo, sai à procura de uma escrita que representasse aquele vivido. Minhas histórias em formato de diário de campo eram instantâneos de necessidades, recortes de breves momentos em que a presa era alguém a ser cuidada, em que a intimidade do mais próprio extravasava como um pedido de socorro. Havia drama, romance, épico, tragédia e humor naquelas histórias. E, como sempre, mesmo nos locais mais inóspitos, havia luta pela vida, até quando o castigo era confinamento no assombrado Isolamento ou quando o suicídio era o desfecho de presa desesperada ("Disciplina", p. 43; "Baculejo", p. 139; "Teresa", p. 179). As mulheres das estatísticas estavam naquelas notas pelos detalhes da letra redonda nos bilhetes para suplicar atendimento no Núcleo de Saúde ou escrever cartas de amor ("Catatau", p. 12), na angústia das mulheres que entregavam os filhos após o nascimento ("Despedida", p. 51; "Sina", p. 123) ou na longa presença de crianças no dentro ("Menino-Rei", p. 143), na espera pela laqueadura ("Mão Falhada", p. 59), no desespero do cuidado de crianças sob ameaça do Conselho Tutelar ("Bisavó", p. 95). Encontrei mais vivacidade nos relatos que nos números que me diziam que uma em cada quatro delas havia passado por unidades socioeducativas de internação na adolescência, que a maioria era jovem, pobre, negra, periférica e que foi pega por tráfico de drogas. Elas eram tudo isso, porém em uma complexidade de cada vida vivida.

Eu precisava buscar uma escrita que escapasse do ar de autoridade do jeito de fazer acadêmico. A vida de uma mulher presa é cercada de autoridades, o meu testemunho seria mais uma. Mesmo com esse constrangimento, eu precisava pensar na escrita de um jeito que me aproximasse da oralidade do vivido. A voz predominante teria que ser a das mulheres; nem trabalhadores do presídio, menos ainda autores e conceitos poderiam recortar a autenticidade do vivido. Foi desse emaranhado de desejos que cheguei a este livro: cinquenta relatos no formato de *conto etnográfico*. Não reclamo novidade, pois a escrita etnográfica é exatamente isto: descrições densas sobre o vivido. Aqui cada história é breve, como era o encontro da presa com seu Lenilton, d. Jamila e dra. Paloma, os cuidadores que usavam jaleco branco. Se arrisco nomear os relatos como contos etnográficos, não é para me aproximar da literatura ficcional, seja na estética da escrita ou na imaginação sobre o vivido. Ao contrário, por isso insisto na origem do material – o que escrevo foi o vivido e testemunhado por muitas pessoas além de mim. Cada conto teve que se submeter ao teste de verificação dos interlocutores da cena e dos leitores deste livro e, até onde sei, não houve contestação sobre sua realidade etnográfica. A lealdade ao vivido é um elemento central do que testemunhei entre aquelas mulheres e os trabalhadores do presídio. Era a vida coletiva e privativa feita história para o mundo do fora.

Carreguei outras inquietações do cubículo do Núcleo de Saúde para a escrita deste livro: os elementos conceituais acadêmicos não se intrometeriam nos relatos. Para isso reservei os capítulos "Início" (p. 23) e "Fim" (p. 219). Havia ainda os modos de falar do presídio e, assim como me desconcertei nos primeiros dias de escuta – tal qual uma recém-chegada inexperiente –, o dialeto precisava ser parte da narrativa. Reproduzi palavras e expressões que não são convenientes à minha linguagem acadêmica polida, como "procedimento", "xerifa", "desbandonada", "cabrita", "bicho", "zarolha", "carapinha", "buchuda" etc. Um apêndice ao final do livro socorre a leitura quando o contexto não permite compreensão, mas peço que tente ler e deduzir o seu sentido. Assim fazem as mulheres que chegam ao presídio, e aprendi a fazê-lo enquanto escutava e anotava. É certo que houve momentos em que pedi tradução, pois a imaginação foi curta para deduzir o negociado ("Bucha", p. 151). Mas essa sequência de experimentos metodológicos e estéticos merece avaliação de quem me lê. Como pode um livro sobre cadeia sem trechos sobre as "violações de direitos humanos" ou "maus-tratos"? Ou mesmo sem o dedo em riste contra os trabalhadores do presídio, em particular os coletes pretos? Arrisco dizer, mas minha autoridade é curta para a leitura dos outros: este livro se entranha no caráter terrível dos presídios, o que aqui descrevo como "máquina do abandono". Se houve um experimento, não foi o de me afastar da crítica política aos presídios, mas o de percorrer outros caminhos éticos e estéticos para fazer imaginar o vivido pelas mulheres que ali sobrevivem.

Os conceitos analíticos sobre os presídios, as normas de gênero ou o funcionamento das instituições totais estão nos relatos. Convido quem me lê a fazer esse movimento do etnográfico para o conceitual, como um exercício de imaginar como é vivido aquilo que sabemos pelos livros. Dou algumas pistas sobre como elaborei o percurso. A estrutura do presídio é assentada no modelo do panóptico de Jeremy Bentham,[4] consolidado nos estudos sobre prisões e manicômios desde a magnífica obra de Michel Foucault:[5] uma arquitetura feita para tudo vigiar e controlar. Não pode haver espaço sem vistoria e controle em um presídio, nem mesmo o mais escuro e terrível deles, como as celas de castigo ou isolamento ("Vigia", p. 35; "Exceção", p. 111). Eu conhecia os espaços do presídio dos anos que fiz pesquisa no pátio, cheguei até mesmo a pensar em fazer pesquisa sentada na Torre, de onde tudo se vê e se controla. A disciplina do corpo com a mortificação do eu, descrita por Erving Goffman, atravessa o livro – "Laranja" (p. 55) e "Boi" (p. 71) são alguns dos relatos que abarcam o tema.[6] Não há isso de intimidade, privacidade ou propriedade em um presídio. É preciso tempo de casa para ter coisas ou preferências – a chegada é miserável, se dorme na "praia", no piso sujo e repleto de insetos, e "de valete" com outra novata. Para muitas, é uma experiência traumática dormir com os pés de uma estranha rente ao rosto. Tão difícil quanto é expor-se a todas para aquilo que, como regra, fazemos na intimidade

4 Bentham, Jeremy. *O panóptico*. Tradução de Tomaz Tadeu. Belo Horizonte: Autêntica Editora, 2019.

5 Foucault, Michel. *Vigiar e punir*. Tradução de Raquel Ramalhete. 42 ed. Petrópolis: Vozes, 2014.

6 Goffman, Erving. *Manicômios, prisões e conventos*. Tradução de Dante Moreira Leite. São Paulo: Perspectiva, 2020.

de um banheiro. O boi ocupa o centro da cela, não há porta ou cortina que proteja a vergonha.

Aproveito para corrigir aqui uma afirmação que fiz no capítulo "Fim" (p. 219), a respeito de o presídio ser o "fim de uma linha". O presídio é uma das instituições do arquipélago punitivo, nos termos de Michel Foucault, mas não é o fim delas. Em uma década de pesquisa, escrevi, fiz fotos e realizei filmes sobre os presídios femininos, os manicômios judiciários (esses lugares a meio caminho entre o hospício e a prisão), as unidades socioeducativas de internação (os antigos reformatórios para meninas e adolescentes fora da lei), e a rua do crack. A cada nova passagem por essas instituições, a ideia do fim pela operação da máquina do abandono se atualizava. E nada me assombrou mais do que o povo da rua da então Cracolândia de São Paulo, quando fiz filme em 2015, mesmo ano em que este livro foi publicado. Ali encontrei Angélica Alves, mulher jovem, negra e de pouca escola, na rua desde os sete anos.[7] Já havia passado por comunidades terapêuticas, unidades socioeducativas de internação e pelo presídio feminino. Teve filhos que o Conselho Tutelar levou, desconhecia o paradeiro deles e da família de origem. Perambulava sozinha quando a conheci no hotel Laide, um dos abrigos para redução no uso do crack. Sofria de uma tosse ruidosa que a impedia de dividir quarto com outras. O tempo no dentro nas instituições de castigo e correção foi mais longo que a vida em liberdade. A cada nova saída, a

7 Hotel Laide. Direção: Debora Diniz. Produção: Luciana Brito; Sinara Gumieri. São Paulo: Itinerante Filmes, 2017. 24 min, son., color. Disponível em: <https://libreflix.org/i/hotel-laide>. Acesso em: 3 out. 2025.

distância dos parentes e aderentes crescia. A rua era o lugar do abandono, de estar fora do bando com outros também feitos indivíduos solitários e sozinhos pela dureza e extensão dos castigos. Não sei mais de Angélica e me inquieto ao pensar se o destino inscrito nas paredes dos barracos do Isolamento na unidade socioeducativa terá sido o seu: "No futuro, só há cadeia ou cemitério."

Fiz aderentes e afetos por onde passei nessa década, entre internas e trabalhadoras. Algumas poucas meninas viraram mulheres em liberdade; para muitas, o vaticínio inscrito na parede do barraco foi o destino. Como num conto feliz, uma delas é, hoje, assistente de pesquisa ao meu lado. Conheci Iasmim Baima, ainda menina, em um barraco da unidade socioeducativa de internação. Foi com ela que visitei a xerifa-contadora do presídio. Eu as conheci juntas entregrades, mas Iasmim foi para aquela visita como universitária livre. Por onde passo, conto a história de Iasmim: cheguei na unidade socioeducativa de internação no ano seguinte à publicação deste livro e sabia que a maioria daquelas meninas teria o presídio como futuro. Essa probabilidade estatística era perturbadora, e não havia senso de heroísmo pessoal que as salvasse desse destino medonho. Ali permaneci um ano, em plantão de um dia a cada três; passava noites maldormidas ao lado dos coletes pretos. Encontrei gente quase mirim, menina que não se via a cabeça pela cela, de tão miúda; outras que menstruaram pela primeira vez atrás das grades. Passei tardes falando de romances melosos que líamos juntas, escrevendo e recebendo cartas, ouvindo histórias tenebrosas da rua, pintando as unhas. Por meio delas, fui apresentada ao passado de Angélica da Cracolândia, de Zefinha do manicômio judiciário,[8] de Lorrayne do presídio. É certo que havia um tempo ainda anterior àquele em que convivíamos – quando a menina deixou de ir à escola e não teve parente, aderente, professor ou Conselho Tutelar que a buscasse; ou quando a polícia deu batida na casa porque os adultos da família eram comerciantes da droga e ninguém se importou com o fato de que uma criança testemunhava a cena. Elas conheceram as grades antes mesmo de ali cair, pois foram visitadoras de pais, tios, avós e mães na cadeia.

Se apresento o presídio como um quase destino social, Iasmim causa reviravolta. Há quem escape às raízes de mãe na cadeia, irmão foragido, família nômade para fugir do crime. Há alternativas à bandidagem, mas não é na cadeia que se aprende sobre elas. É preciso gente diferente ao redor, alternativas de cuidado e presença, proteção social e financeira para mostrar que outro mundo é possível. Há medo, violência, e desproteção no crime. Não é vida boa nem fácil, preciso dizer o óbvio. Não conheci uma menina na unidade socioeducativa que não tenha sido vítima de violência; não conheci uma pessoa adulta que não preferisse uma vida regular à bandidagem, que não preferisse a liberdade, mesmo que precária, à disciplina dos presídios e manicômios.

É certo que no centro de qualquer reflexão sobre justiça e prisão devem estar as vítimas dos crimes, em particular da-

8 Diniz, Debora e Brito, Luciana. "'Eu não sou presa de juízo, não': Zefinha, a louca perigosa mais antiga do Brasil". *História, Ciência, Saúde Manguinhos.* 23(1), Jan-Mar 2016.

queles hediondos e contra a vida. Nada repara uma criança abusada, uma mãe morta por feminicídio, um adolescente vítima de latrocínio por um tênis. Não há reparação para a vida perdida, repito uma tautologia existencial e do sistema de justiça. E, para essas pessoas autoras de crimes brutais, como sexuais e contra a vida, não apresento alternativa senão a prisão. No entanto, a massa do sistema prisional brasileiro não é de pessoas com crimes terríveis como esses; é de gente pobre, negra, com pouca escola, que caiu com artigos do tráfico de drogas, como mostram os estudos de Juliana Borges[9] e Carla Akotirene.[10] Nos dez anos de pesquisa, foram raras as presas brancas, com nível superior, acusadas de crimes típicos das elites econômicas e intelectuais, como a corrupção. Não encontrei loucos infratores que fossem advogados ou médicos, gente com trejeitos de quem vai ao cinema ou a restaurantes. Não é porque pessoas brancas, com trabalho e universidade, não cometam crimes, é somente que a cadeia não parece ser o nosso destino. E não escrevo isso com sarcasmo, é só um jeito de pedir que leiam sobre elas, pois é também sobre nós.

É arriscado fazer pedidos a quem me lê, mas arrisco mesmo assim: leia os relatos com curiosidade sobre o desconhecido. Afaste o medo, ou qualquer outro afeto depreciativo que nos acompanha ao pensar nas cadeias e nas prisioneiras. Nesses dez anos por unidades socioeducativas, presídios,

---

9 Borges, Juliana. Encarceramento em massa. São Paulo: Pólen Livros, 2019.
10 Akotirene, Carla. "*É fragrante fojado dôtor vossa excelência.*" Rio de Janeiro: Civilização Brasileira, 2024.

manicômios judiciários e pelas ruas do crack, jamais sofri intimidação ou violência. Fui cautelosa, respeitei as regras dos coletes pretos ou das xerifas, fiquei dias silenciosa à espera de ser aceita pela massa. Desconfiei quando era testada sobre a lealdade do que via e sabia, tanto pela vigilância quanto pelas habitantes dos espaços. Encontrei gente do tempo da tranca na rua e fui igualmente respeitada. Assumi uma regra simplória para a convivência: as pessoas sabem quando o encontro é genuíno, ainda mais em cadeia, onde o tempo é matéria abundante para observar comportamentos e trejeitos de visitadoras. Eu fui esquadrinhada pelos poderes por onde passei. Se sobrevivi e fiz aderentes, não foi por mérito acadêmico, mas por habilidades simplórias da sociabilidade, tais como ter interesse pela outra pessoa, falar a verdade e saber escutar.

Este livro foi escrito em 2015, talvez os modos de falar tenham se aperfeiçoado. O Núcleo de Saúde ainda está no presídio, mas seu Lenilton, d. Jamila e dra. Paloma já se foram dali; outros profissionais de jaleco branco escutam dores, malquerenças e necessidades das presas. Como regra, os coletes pretos transitam entre alas e setores, senão entre presídios. O sistema prisional brasileiro viveu esquecimento com a pandemia de covid-19 e pouco sabemos a respeito de como sobreviveram as mulheres do presídio da capital do país. Apesar da década, este não é um livro datado, exceto pelo número de camas e mulheres – a vida dentro de um presídio é lenta para se alterar, há desimaginação sobre outras formas de regenerar pessoas. Ainda há o corró, o confere, a abordagem, o benefício e o procedimento, dormir na praia ou de valete, o Isolamento, o Seguro, a tristeza pela visita que não chega. Por onde passei, encontrei calendários rabiscados na parede da cela ou do barraco. Imagino que os calendários ainda estejam lá, contando datas de visita, benefícios e saídas de presas antigas e das recém-chegadas, essa multidão que comporá o arquivo morto-vivo do presídio feminino da capital do país.

Setembro de 2025.

INÍCIO

Fui pesquisadora antes que escritora sobre o presídio. Entrevistei mulheres, li arquivos, publiquei ciência. Pelos números, soube que uma em cada quatro presas viveu em unidades socioeducativas na adolescência, muitas sofreram violência, usaram drogas, roubaram coisas e sobreviveram perambulando pelas ruas. Elas são jovens, negras, pobres e com filhos. Uma multidão de mulheres abandonadas. Chegaram à Penitenciária Feminina do Distrito Federal pelo confuso tipo penal "tráfico de drogas", e por ali permanecerão alguns anos. Muitas sem sentença, chamadas de provisórias, outras já acostumadas a sair e voltar. Umas poucas ignoram se um dia sairão.

Na multidão, estão as grávidas, as doentes, as velhas ou as muito jovens, as estrangeiras, as loucas e as líderes. Passei a buscar as histórias de mulheres no miúdo, as formas de viver e sobreviver entre as grades. Queria não mais fazer perguntas, só escutar, esquecer os números e recuperar as vozes. Há três anos, frequentava o presídio como pesquisadora de prancheta quando resolvi procurar a diretora com um novo pedido de permanência: "Me deixe entrar no pátio", arrisquei àquela mulher cujas audiências não se estendiam além dos minutos da formalidade. "Não, você só pode ficar onde tiver escolta", não houve respiro na resposta. Listou onde havia escolta, um coletivo de muitas mulheres e poucos homens de colete preto. Outras autorizações vieram, e foi assim que me preparei para conhecer as mulheres no singular.

Era meu primeiro dia da fase de escuta e eu não sabia por onde começaria a rotina ao lado do colete preto. A escolta é pouca se comparada à multidão de presas, mas está por todos os lados. Pensei em me acomodar pela escola, pelo refeitório, pela torre ou pelas oficinas. Caminhava na companhia de um colete preto quando fui apresentada ao Núcleo de Saúde. Seu Lenilton é assistente social do presídio, mas, quando ali cheguei, era o chefe da equipe de saúde. Ele me acolheu como quem recebe uma visitante em casa, foi fácil me enraizar ao seu lado. Pedi licença, estiquei as orelhas e acomodei o caderno em silêncio, ora em seu gabinete, ora no de d. Jamila, a psicóloga, ora no de dra. Paloma, a médica. Os três usam jaleco branco; por convicção e profissão ouvem dores, atendem sofrimentos. Foram seis meses de escuta quase diária.

Tudo o que vivi foi na companhia do colete preto e do jaleco branco. As cores organizam o presídio e seus habitantes: as escoltas vestem preto, os cuidadores vestem branco, as presas já vestiram branco, hoje vestem laranja. No início pensei em vestir uma quarta cor para me anunciar escritora na prisão. Mas, ao atravessar o portão, resolvi adotar o preto como corpo. Queria anunciar uma escuta diferente, não estava ali para cuidar. Por isso, não fiz perguntas às presas, e, como regra de convivência, elas me ignoraram. As sentenciadas entravam nos gabinetes de atendimento do Núcleo de Saúde e concentravam palavra no jaleco branco. Meu caderno de notas sinalizava investigação, talvez um novo arquivo policial sobre elas. Comigo só houve troca de olhares das presas provisórias, as noviças de presídio.

A notícia de nova escuta no Núcleo de Saúde correu o pátio, mas o preto e as notas me mantiveram em suspeição. Assim preferi. Muitas já me conheciam dos anos de pesquisadora, tive que recomeçar no presídio. Não queria ouvir segredos além daqueles compartilhados com o colete preto, por isso nada me foi dito em particular, não fui interlocutora das histórias. Observei conversas entre trabalhadores do presídio e presas, fui anotadora de palavras alheias. Se isso pode parecer estranho, quase um mexerico, há vantagens. Meu texto é testemunho compartilhado – as histórias não são só minhas, mas escutas espiadas por muitos. As presas me viram escrever, a muitas se pediu concordância, feito sem importância para um lugar onde consentimento é, muitas vezes, hierarquia.

Há um modo de falar típico de presídio, as palavras circulam e se renovam. Não há ritual de alfabetização para a recém-chegada, aprende-se vivendo. Na primeira noite, descobre-se que cama é jega; comida, xepa; banheiro, boi. Como um testemunho do dito e ouvido, o modo de falar é também vocabulário deste livro; ao final, há um glossário com jeito de dicionário.

Seu Lenilton, d. Jamila e dra. Paloma são protagonistas das cenas. Os coletes pretos são anônimos, um coletivo que atravessa o encontro do jaleco branco com a presa. As presas são elas mesmas. Os nomes foram trocados, mas já circularam pela memória do presídio como habitantes da casa. Em 2014, havia quase setecentas mulheres presas na Penitenciária Feminina do Distrito Federal, entre provisórias, sentenciadas e em medida de segurança. Há camas para pouco mais de quatrocentas. Desde a fundação, doze mil mulheres já passaram por ali, o arquivo do presídio me permitiu escolher os nomes como se tratasse de um grande espólio das habitantes. Como elas se parecem, a troca de nomes não altera muito a biografia das mulheres da máquina do abandono. A realidade do presídio rejeita sinônimos, mas autoriza semelhanças. Exceto pelos nomes, *é tudo verdade*.

ACOLHIMENTO

O nome está errado. A quarta-feira não é de acolhimento, mas de triagem – nomes, sofrimentos e precisões. As provisórias são apresentadas ao pelotão do jaleco branco. Muitas mulheres, poucos minutos nas cadeiras de seu Lenilton, d. Jamila, dra. Paloma, ou quem mais estiver por ali para desenfronhar dentes ou nervos. Em fila indiana, algemam-se umas às outras. Em marcha de procissão, os olhos farejam os pés. Para se mover no presídio, nem mesmo algema é propriedade de presa. Tudo é coletivo. A provisória é aprendiz de regras, uma noviça de cadeia, ainda pouco domesticada ao modo de vida na prisão. Quarta-feira é dia de barulho naquele apertado conjunto de salas. O colete preto insiste no dever de silêncio impresso nas paredes do Corró, cela de dois metros por dois, onde até dez provisórias esperam reconhecimento.

O Corró é campo gradeado no território da saúde. A palavra é corruptela de "cela correcional". Na história da maneira de falar dos presídios, seria uma herança da ditadura militar.

Nas celas correcionais, o preso político esfriava os miolos antes do interrogatório. No Núcleo de Saúde, Corró é sala de espera, mas com grades e algemas não sei se alguém alimenta esperança. Do lado de fora, há um mostruário ousado: vários tipos e formas de algemas esperam o corpo indócil. Demorei para entender, a mais larga das algemas não disciplina pulso, mas tornozelo nômade. Fora do Corró, no sofá esgarçado da entrada, amarram-se as presas do Seguro, o cortiço-esconderijo das ameaçadas de surra ou morte.

No acolhimento aprendi regra básica: prisão não começa no último bonde. Uma presa não titubeia na linha do tempo: passado em abrigo ou reformatório contabiliza tempo de cadeia. Lorrayne é uma das noviças, e das mais tagarelas no Corró. Cambaleava pela praça do crack da periferia da capital federal quando uma viatura da polícia a recolheu. Desceu de um bonde apinhado de noviças, dormiu a primeira noite em cadeia como adulta. No bonde, elas são multidão anônima e qualquer; no acolhimento, se personalizam pela desgraça do fora. "Já esteve presa?", perguntou d. Jamila, "Sim, no CAJE", o ex-reformatório de adolescentes do Distrito Federal. O colete preto moveu-se ao ouvir a desgraça implodida; é daquelas palavras tombadoras de surdez no presídio.

Lorrayne foi a presa mais jovem do presídio, dezoito anos e três dias. "Uso maconha, Rohypnol cocaína, antirrespingo, papel", o verbo foi mesmo no presente, e a lista, desordenada. Conheceu cocaína aos onze anos, filha de bandoleira, pousou na casa da avó antes de vaguear pelas ruas: "Minha avó só me espancava, ela dizia que eu parecia minha mãe." D. Jamila não se interessou pela genealogia familiar, queria mesmo era saber das drogas. "O que é antirrespingo e papel?", em cinco anos de presídio as palavras indicavam novidade. Antirrespingo é primo pobre do lança-perfume, um preparado de solvente com efeito cáustico. Papel é sintético, finge-se de confeito. Lorrayne cresceu para esclarecer o desconhecimento da psicóloga, o colete preto fez carranca de desprezo. O diálogo antecipava corretivo no Isolamento, mas o arquivo já ajustava a altivez da noviça, catorze dias como provisória isolada desde a descida do bonde.

D. Jamila consome seus minutos de acolhimento com três perguntas sobre os descaminhos no fora: se a provisória usa drogas, se os remédios são companhia para dormir e, na surpresa de ouvir "Não" às drogas e aos remédios, assunta sentimentos sobre a chegada ao presídio. A psicóloga diz ser essa a "pergunta-choque": as grades são matéria concreta e a bandida é agora presa. Das doze noviças daquela tarde de triagem, duas responderam "Não" às drogas e aos remédios. Lorrayne disse "Sim-Sim", por isso d. Jamila nem chegou à terceira pergunta. "No CAJE", confidenciou, "tomava dois laranjinhas, eram estabilizadores de humor. Tenho duas caras, o psiquiatra já me disse." E passou a reclamar os coloridos.

Os laranjinhas sem nome esclarecem segredos de seu nervoso: não dorme, não come, a voz falha, mas não pense ter sido ela mulher rouca na rua. O resumo de suas dores dos nervos é a "Mente ficar fraca", e ela teme a fraqueza resultar em acréscimo de artigo no presídio. D. Jamila não perguntou qual era ele. Lorrayne se foi como chegou, abusada e altiva, e eu fiquei sem saber a origem do malfeito. Os três dias da idade foram suficientes para o bonde carregá-la do fora para longo futuro no dentro.

INTELIGÊNCIA

Ele é a inteligência do presídio. Alegre, tudo observa. Me apresentei, mas o homem já sabia de minhas origens e curiosidades. Acho que repeti o conhecido. Ainda assim, esticou os ouvidos, pois é sempre bom saber mais e novamente para o vigia inteligente. Foram boas-vindas festivas no abraço e nas palavras. Do narrado, fiz o homem comprometer verdade: as cartas eram matéria de prova, mas conteúdo, só os olhos que leram repetem. Conto visto e ouvido do homem sabido, inteligência de um lugar onde todos veem e sabem tudo. A mesa estampava o embrulho de cartas, e pelas estantes muitas, muitas caixas: enviadas, recebidas, arquivadas.

As cartas ainda existem em presídios. E, como as prisões engordam, os carteiros se multiplicam. Ali se ignora a tecnologia do correio eletrônico. São setecentas presas, e quase duzentas cartas por semana. Há bate-papos, cartas de amor, cartas de saudade, cartas de filhos, cartas eróticas e cartas bandidas. Um decreto recente proibiu o bate-papo, um correio elegante entre pátios e presídios, de tão intenso o fluxo atormentava os vigias de letras. O homem da inteligência é paciente para ler entradas e saídas: "As cartas são como uma novela", e o sorriso fácil não dava descanso às mãos. As cartas serviam de leque, um alívio necessário para a sala apertada e recheada de caixas e papéis. Ventilador é objeto proibido naquele esconderijo. A secura do cerrado vista da janela fazia miragem.

O homem da inteligência se faz com as cartas bandidas. A matulagem fala pelo avesso quando o assunto é malfeito, o detetive segue rastros invisíveis. Não li carta bandida, só ouvi relato. A carta bandida tem roteiro único e cena singular: olhares, posições e textos em audiência judicial. O escritor é sabido, encobre prescrições bandidas em cenas da vida do fora. É preciso ler o socado em meio a aniversário de vizinha, capacidade dificultada pelos garranchos da matulagem com pouca escola. Uma carta bandida é recompensa para o detetive: a presa fica sem notícias, e o texto segue para o dr. Juiz. Não sei se esbocei surpresa, pois o homem pasmou-se: "A cadeia desespera as pessoas."

Memória ambulante de amores e malfeitos do presídio, o homem da inteligência professa compaixão pelos segredos. Se a notícia é fúnebre, a carta esquece o destino: presa sai da multidão, e leitura é consolada por jaleco branco. Se a notícia é bendita e a presa é analfabeta, colete preto é tradutor. As cartas pornográficas conhecem o cativeiro da censura, as eróticas seguem livres. Recatado, o homem da inteligência não revelou diferença entre pornografia e erotismo, pois explicou: até palavra é regulada em presídio – "Duas cartas por semana, com até duas páginas cada uma, e duas fotografias." Álbum de fotos é abuso à inteligência; as fotos esperam, só entram em dupla. As cartas abundantes se organizam no tempo, uma nova e outra antiga. E assim o correio move o universo da saudade, da tristeza e da esperança.

A carta é um inesperado na vida em clausura. As presas só conhecem o ritmo de recolhimento e entrega, numa semana a carta sai, noutra entra. Não há dia certo para recolher ou entregar palavras. O homem da inteligência criou reputação poliglota, traduziu francês para uma presa marroquina. O burburinho da vez são as russas: "E não é russo mesmo, parece ser um dialeto esquisito." Elas chegam solitárias, todas por causa de droga nas cavidades naturais. O homem já tentou de tudo para decifrar garranchos da família russa cuja maior indiscrição é ornamentar álbuns de fotografias da neve.

A novidade são as cartas do ministro Joaquim Barbosa, ex-presidente da Suprema Corte. A inteligência não sabe dizer quando começaram, só sabe datar como recente. O envelope é suntuoso, o carimbo SUPREMO TRIBUNAL FEDERAL e o brasão da corte são motivos de orgulho. As escribas das cartas para o ministro Barbosa são as de melhor letra da ala, o pingo do i tem bola redonda. O homem da inteligência me deixou ler uma recém-colhida do pátio: "Penitenciária Feminina, DF, 19 de maio de 2014. Excelentíssimo Doutor Ministro Joaquim Barbosa, venho a esta corte suprema por meio desta pedir ajuda. Fui sentenciada..." A carta era de Michelly, peregrina por crimes e sentenças. O ministro responde todas, os pedidos seguem para quem decide. Não sei dizer se algo mudou na vida da peregrina, além do alívio de um ser supremo reconhecer sua existência. A queixa agora é a presidenta Dilma. Nunca respondeu carta.

VIGIA

Torre do presídio da capital federal é despotismo: janelas espiadoras, sala rica em telas, antenas e rádios. A torre tem lentes para o pátio, a Rodoviária e a Ala C. Pátio é chão grande de cimento. Se não fossem os muros altos, presa fantasiaria viver minutos de liberdade. Por ali se caminha, namora, toma sol ou se deixa passar o tempo. A paisagem é seca e branca, a sirene marca início e fim de feriado da escuridão. A Rodoviária é telhado de zinco, instalação militar dura, única sombra do pátio. As visitadoras de quinta-feira perambulam pelo cimento, simulam piquenique na Rodoviária ou se protegem de chuva ou seca sob o sempre fervente zinco. Se a sirene vermelha toca, sinal de alerta: os visitantes inquietam-se na Rodoviária, as presas esperam procedimento na beirada do murão. A Ala C margeia o longo corredor de chegada à torre, nela se amontoam as provisórias. As grades permitem ouvir o escuro interior. Na cadeia os sons são vigilantes, a falta de luz convida à sonolência ou confusão.

Para vigiar nem sempre é preciso espiar. Ouvir facilita, organizar é estratégia escondida. O presídio é prenhe de espaço velado, a bisbilhotice da torre é curta. As Alas A e B abrigam doze celas cada, o trânsito é livre no interior das alas. Presa aprende rápido o modo de viver do presídio: quem dorme na jega, quem dorme na praia, como se usa o boi, como se transforma saco de lixo em esconderijo para cacarecos do fora. COBAL é sigla; no presídio, sobrevivência, é trouxa do fora autorizada pelo dentro: pasta de dentes com tubo transparente, sabonete rosa ou azul, dois pacotes de absorvente, desodorante sem spray, biscoito sem recheio, fruta só maçã ou pera. A depender do posto na hierarquia, COBAL da semana pode ser propriedade privada ou coletiva. Entre grades, guardar comida é convidar barulho.

Na entrada da Ala B, as grades não bastam. São duas barreiras, a primeira é sólida, um portão de ferro amarelo. A chapa amarela abre toda ou só retângulo, a janelinha, de onde se mostram os olhos sentinelas. Da chapa amarela para o portão gradeado da entrada há espaço vazio. No apertado baldio, jaleco branco distribui medicamentos ou emergencia atendimento. A chapa amarela e as grades protegem a sala nua, o monumento é a televisão de dois palmos de largura. Uma novela do passado deu nome árabe à saleta, Medina. Há janelas gradeadas em cada canto. Nunca atravessei a chapa amarela, o corredor das celas é breu da fronteira do baldio.

Seguro é o espaço de convívio de portas fechadas. Não há televisão, só beliches e habitantes, o boi ocupa o centro da vida. Quando a chapa amarela se fecha, a vigilância não assiste ao interior, mas há encostos do poder no sempre lotado cortiço. A xerifa veste laranja, mas se passa por colete: rompe conflitos, organiza diferenças, lembra a lei. É posto disputado, supremacia de presa antiga. A pastinha da ala é presa classificada, com benefício de confiança na casa. Faz mandados, é menina de recados, descerra tranquinhas, orienta o vestuário antes de particular da presa com colete preto. Apresentar-se em desaprumo chama o corretivo e atrasa a cadeia. Há ainda as cabritas, encostos de colete esquecidas no uniforme de presa.

O Isolamento é visto do alto por janela improvisada. São três barracos no espaço herdado do reformatório infantil da capital federal. As isoladas dizem perder sono pelo grito longo do passado, o lamento das crianças atiça a insônia. Isolamento é a catacumba do inferno, daquelas repletas de fantasmas. O cheiro é de presídio fermentado, um misto de cigarro, mofo e amoníaco. Ala C é a audiência para o Isolamento, a janela da Medina tem os barracos como paisagem. Na porta dos barracos há reduzido cimentado, escuro de lodo, com o nome ousado de pátio. Por ali, as isoladas recebem o sol com grades, criação recente da engenharia: instalaram-se ferros no teto depois de isolada escalar muro feito aranha, ensaiando fuga pelo céu.

CATATAU

A cada semana, os papéis são distribuídos e recolhidos. O dia da coleta não é certo, mas muito esperado. O segredo é andar com o catatau amarfanhado ao peito. Catatau é papel escrito na cela, circulado pelo pátio, que atravessa a segurança e alcança o jaleco branco. O colete preto das celas recebe o bololô semanal, perde até a conta. Outro alguém debulha prioridades, os critérios são de precisão ou disciplina. O grampo não segura lamento sobre a mesa de seu Lenilton, d. Jamila e dra. Paloma. Catatau é bilhete em formato de telegrama. História da vida e pedido de socorro são narrados com economia de palavras.

"Eu estou grávida tem de 1 mês e 13 dias que minha menstruação não desse, e gostaria de pedir roupas e sandália não tenho vizita e sou moradora de rua e queria aviza meu irmão que estou presa. Telefone. Anderson, meu irmão." Catatau é gênero de discurso típico do presídio; eficiente na mensagem, regras de gramática ou pontuação desimportam. Escreve-se como se sente. Escrever é muita vantagem, pensar com a lógica do poder, só para as sabidas. Como poucas dominam a letra, há as escribas de catataus, vendem texto por 3 reais. Algumas são preferidas de uma ala, pois arte redonda faz diferença.

Liliane é habitante antiga do presídio. Escreveu seu próprio catatau, o ritmo era do crack. Recém-chegada para a segunda temporada de prisão, "Foi um 157", disse ela, "Roubo com arma". As mãos que escreveram o catatau acolhem letras marcadas à faca, Uéliton e Rosy, nome de dois dos seis filhos. A gravidez só existia no bilhete, talvez exagero para furar a fila da escuta. O pedido verdadeiro era a visita da filha de um ano, cuja data de nascimento a mulher sem dentes desconhecia. "Sei que ela tem um ano, fui no aniversário dela", resignou-se após várias tentativas de descobrir o ano de nascimento da menina. Seu Lenilton registrou dúvida: "Filha de dois anos?"

Liliane morava na rua antes de cair no bonde do presídio. Usa crack há três anos: "Só não usei quando presa." Ela se lembrava da abstinência e das encrencas na cela, implorava a seu Lenilton vida no Seguro, pois só ali não arrumaria confusão para aumentar cadeia. A droga era sobrevivência no corpo mirrado, "Quero viver, usar crack na cadeia é furada, pedra pequena, cara e os bicho te esperam lá fora", e repetia salvação no Seguro. O colete preto da porta estranhou pedra no presídio, Liliane se corrigiu, abstinência foi modo de falar, o sentimento era outro.

Seu Lenilton insistia em saber dos filhos. Um vive com parentes, uma o Conselho Tutelar levou, um terceiro vive com família desconhecida e três nasceram mortos. Conselho Tutelar é braço da polícia; se a mulher vai para a cadeia, os filhos vão para o abrigo. Ela conta ter esguelhado o processo do filho roubado pelo Conselho Tutelar, lá tinha foto de quarto de rico, família feliz e pedido de guarda. Seu Lenilton se intrigou, "Adoção, lembra desse nome?", "Acho que era adoção. O Conselho Tutelar disse que eu abandonei ele. Eu não abandonei filho, seu Lenilton", arreliou-se com olhos afundados nos ombros. Um silêncio seco tomou conta da sala, seu Lenilton esperou o texto, mas a crackeira falante emudeceu. Ela já sabia do filho com a nova família, mas lutava contra a ideia de ser mãe que abandona. Não tinha mais filho, restou foi muita vergonha. Repetiu sem audiência antes de sair: "Eu não abandonei ele, não, seu Lenilton."

DISCIPLINA

Presídio tem seus modos de falar. Boi é conhecido do fora, monumento é espanto até em presa antiga. Dormir de valete ou na praia é palavra encarnada na primeira noite. Muita presa e pouca jega. Cama no presídio é jega, e a origem da palavra nem o dicionário explica. Ou se dorme de valete, uma para cada banda de jega, ou se dorme na praia, esticando o colchão onde houver espaço. Como dormir de valete parece coisa de bicuda, algumas preferem chão com inseto sem dono a sola de couro alheio. Jega solitária é privilégio de xerifa ou presa antiga. Recém-paridas, buchudas, doentes e inválidas são outras com direito a jega privativa. Muda-se a condição, privilégio perdido, retorno à massa com carestia de jega.

Núcleo de Disciplina é palavra boa de aprender ainda no bonde. A chefa da disciplina é colete preto antigo, desconfiado e discreto. Confusão em presídio se chama falta, e escala de corretivo regula gravidade. Falta leve é malfeito, punição é olho torto com texto breve, sinal da disciplina farejando presa. Falta média ou grave desorganizam atravessamento ou benefícios, dr. Juiz é informado, retarda saidão. Falta grave despacha presa de dez a trinta dias para barraco do Isolamento. Três faltas médias equivalem a uma grave; três faltas leves, a uma média. Regra do três é escritura, presa esperta recupera matemática da pouca escola do passado. Falta é classificada pela lei do fora e pelo regimento do dentro.

Na cela, couro coberto ou pelado é liberdade. Na grade, colete preto pede compostura. Exibir-se desnuda é falta leve, fumar fora de hora é média. Ousadia de xingar colete preto é desafio de autoridade, sinal de falta grave, pode render um ano sem benefício do trabalho pelo dr. Juiz. Mas grave mesmo é história de terror contada pelos coletes da disciplina: o dia do fogaréu no Isolamento, os três barracos escondidos em poço, cujo pátio é cimento de menos de minuto de circunferência. Lá se queimaram castigo e gente. A história se conta assim. Como é memória de tristeza, não sei se há hipérbole ou lamento escondido.

Um grupo de zicas se estranhou no pátio. O grunhido tinha assunto combinado, a falta seria grave, e o Isolamento, destino. A língua do fora é transformada no dentro: vagina é cavidade natural, e por lá é que se escondia isqueiro. Mal chegaram ao barraco, atiçaram fogo nos colchões. A bagaceira fervia, ódio e fogo se misturavam ao rebuliço sinistro. Revolta de colchão é tática conhecida de cadeia, a novidade foi a sincronia do fogo, os três barracos sem perdão. As chamas começaram, o chuveiro foi território reduzido de fuga. Apinhadas no boi, protegiam-se do calor do nylon sapecando a porta da cela.

Era tarde quente e seca da capital federal, daquelas de o pó vermelho aninhar-se à fuligem das queimadas. O cimento de lodo fervia, os barracos ardiam. O chamusco dos colchões transformou o poço em túnel de labaredas. A imagem era do verdadeiro inferno queimando gente pecadora em catacumbas. A fumaça subia, os gritos de gente morrendo eram ouvidos de longe. Nem helicóptero nem extintores foram capazes de acalmar a fúria do fogo. Seu Lenilton não foi preparado para ser socorrista, mas lá estava com balão de oxigênio para salvar as sobreviventes. O plano não era sair cadáver queimado, apenas resistir. Não havia tema específico para o isqueiro no barraco, só teimar.

Mas houve morte. Engana-se quem pensa ser a morte ignorada em presídio. É sempre motivo de silêncio. Ali se vive longe da vida, mas não se nega sobrevivência. As chamas do Isolamento assustaram. O colete preto da disciplina teve muito a investigar: não havia dúvida da gravidade da falta, só não sei se há superlativo de morte. Falta gravíssima, talvez. O chuveiro não foi capaz de salvá-las, uma morreu, várias foram queimadas, muitas intoxicadas. A chefa da disciplina encafifou-se ao recordar: "Morrer queimada, sabe o que é isso?" Não sei mesmo, mas penso faltar algo na pergunta. Falta geografia. Morrer queimada e presa. No inferno.

INDOCUMENTADA

Saber nome de presa não é fácil. Muitas desconhecem paradeiro dos papéis. Outras contam ser despachadas de origem, já nasceram extraviadas; umas poucas tentam renascer pelo nome – nada de sobrenatural. Digital é tecnologia ultrapassada, modernidade é dessegredar íris e sobrancelhas. A máquina descobre a menina dos olhos de cada mulher. Lisandra fugiu, não se sabe como, voltou Margarida. Seu Lenilton não se enxaqueca com as transformistas, elas chegam duas em uma para atendimento: "Lisandra, vulgo Margarida." O homem se confunde sobre como nomear, a saída é recursar "você" na conversa.

Mas difícil mesmo são as indocumentadas. Elas chegam só matéria, um couro meio molambento, é verdade, mas comprovando existência. Nada além dele, nenhum registro de reconhecimento. A menina dos olhos está ali, espreita ordem ou destino. A saída de seu Lenilton é numerar para existir, telefones são salvadores para registro de vida. Não vale celular, a mesa de seu Lenilton não autoriza ligação para telefone móvel. A carestia do presídio ignora revolução de voz: pobre não tem isso de telefone na casa, e decorar números não é habilidade de mulher analfabeta. As conversas são longos ensaios para ativar a memória. O mais eficiente simula cena de hipnose: a presa fecha os olhos e tateia o teclado do telefone; a ordem é perseguir os números sem pensar. Em silêncio, seu Lenilton anota a memória dos dedos. Os miolos esquecem números, mas o corpo resiste, faz lembrar telefones das mães, avós ou vizinhas.

O homem é um tipo suplicante por números. Depois do telefone, roga pelo CPF. "Esse é um número danado de difícil", a mulher matutava impossível. Maria fugiu com filho recém-nascido da maternidade, fez do menino um indocumentado por herança. O pedido é registrar quem inexiste, um miúdo de quatro anos. Antes do presídio, a mulher perambulava pela praça do crack na periferia da capital federal. Na maternidade, recebeu visita do Conselho Tutelar: "Arrume as coisas do menino, amanhã ele segue para o abrigo", foi a ordem de êxodo. Abrigo é inferno para presa, ou porque lá viveu, ou porque imagina o filho enjeitado. O parto ainda ardia e a noite era pretume quando Maria escapuliu da maternidade. Esqueceu documentos do menino como prova da passagem e, desde então, chama-o de Tito. A criança vive com o pai, artesão especializado em pufes, "Aquele negócio fofo que senta, ele mora na segunda casa azul atrás do supermercado", e seu Lenilton planejava visita domiciliar enquanto ouvia.

O filho era segredo. A confidência foi necessária, pois sem registro Tito não se matricula na escola. O pai precisa documentá-lo, pressionou Maria, atenta ao impacto da novidade em seu Lenilton. O homem não é da inteligência do presídio, nem tudo sabe e menos ainda investiga, mas o caso pedia habilidades extras. O enredo pode ser verdadeiro, mas como saber? O melhor seria começar vasculhando a maternidade em busca de documentos perdidos. "Impossível", seu Lenilton descobriu na primeira ligação. A segunda tentativa seria importunar o prontuário médico de Maria, mas só dr. Juiz autoriza. O filho de Maria nem registro de nascido vivo possui, é mesmo ninguém.

Seu Lenilton reinicia pelo instante: Maria é indocumentada, é preciso a mãe existir para o filho ser nascido. Indocumentação não pode ser destino. Mas os documentos se esconderam em lugar sem endereço, explicou economizando palavra. A mulher não se recordava do nascimento, foi antigamente em oco de mundo, "Lá e por ali". Maria é quase ninguém, sertaneja de passado, o sotaque denunciava a origem, só existe porque presa. "E quem é esse pai?", inquietou-se seu Lenilton, "Ele é bom para o menino, homem trabalhador", "Por que você não vivia com ele?", "Porque levei facãozada dele e fugi", mostrou o pescoço desunido. "Qual o nome dele?", "Sei que é Vanderlei, só isso", "E telefone?", "Não sei".

O caderno das queixas de seu Lenilton registrou "Segunda via de documentos para interna, certidão de nascimento, RG e CPF. Registro de filho chamado Tito. Criança vive com Vanderlei, artesão de pufes, em casa azul atrás do supermercado. Solicitar visita externa". Não tive a ousadia de perturbar o desfecho, a visita de seu Lenilton buscaria o passado deixado no fora por geografia sem rumo, por existências sem registro. Maria e Tito, dois indocumentados por herança, pela rua e pelo crack.

DESPEDIDA

Ela chorava em posição de procedimento. Olhos caídos, queixo no peito, o nariz fungando a parede. O colete preto amoleceu-se com a mãe, atarantou-se com a ordem de algema para trás. Os dedos compridos balançavam uma fralda branca, úmida e amassada pelo choro. Ela se fazia de sozinha, mas nós éramos multidão. Colete preto e jaleco branco estavam ali para a despedida de Rayane, a bebê de seis meses em adeus ao presídio. Seu Lenilton tem vocabulário próprio, diz não ser cena de despedida, mas entrega. Insistente, repete: entrega, nada de adeus entre mãe e filha, entrega da criança para outra mãe. Para outra vida.

O colete preto da cena era mulher prática e determinada, Gleice Kelly insistia reserva nas lágrimas. Lamento tolo, pois Rayane atravessaria o portão da liberdade. É isso mesmo: quem conhece berço no presídio já nasce sentenciada. O dia da entrega é de renascimento. Rayane vivia em carestia, num lugar apinhado de fumo e barulho, sem silêncio e brinquedos. Criança de presídio é birrenta com homem, gato e cachorro, desconhece mundo senão afeminado. D. Aurora, avó da menina, cantarejava, "Hoje à noite chamei todos os meus irmãos e sobrinhos para conhecer Rayane. Ela vai saber que existe homem no mundo".

Gleice Kelly chorava. D. Jamila desdobrava-se em auxílios, a lamúria encerrava o assunto. "Está com o cartão de vacina?" "Sim. Mas dói tanto, d. Jamila. Eu não pensei que ia doer tanto." Doer tinha excesso de erre na pronúncia. A palavra era tudo escapulido da mãe em procedimento. As mulheres da despedida pareciam entender a aflição de Gleice Kelly, mas remédio secador de leite ignora lágrima. O dia seguinte seria de muita lágrima e pouco leite. A lei permite a filho de presa viver na cadeia até sete anos, se presídio tiver creche e outras maternagens. No presídio da capital federal, não há, as crianças vivem em ala reservada. Na Ala A, há grades e celas. Sobre esse assunto, não se deve gastar palavra, ir ou ficar, qualquer escolha é besta. Cadeia não é lugar de criança, e a entrega é acréscimo de pena para as mulheres.

D. Aurora é mulher mirrada, cheia de conversa, falava respingando audiência. Chegou sozinha para o resgate da neta e a despedida da filha. Desdobrava-se entre aconchegar a menina, que estranhava burburinho, e agradecer ao colete preto a hospedagem da filha, ranzinzando desvario cometido. "Imagine", parlamentava para público aumentado, "Gleice Kelly fazia faculdade, ia ser professora", e emendou roteiro nada exclusivo: boa filha, conheceu malandro; com coração embromado, caiu no presídio. O particular do enredo é o pai de Rayane, o homem anda solto, parece ser empresário da droga. Não registrou a menina. D. Aurora prefere distância, só assim Gleice Kelly recomeçará a vida. Rayane é filha única.

Vida de presa é repleta de coincidências, ou assim se contam os dias. Na véspera da entrega, Gleice Kelly recebeu benefício do sexto da pena. Dr. Juiz lhe concedeu benefícios do saidão e do atravessamento; em outros ditos, feriado quinzenal e trabalho no fora. A família de Gleice Kelly é negociante na capital federal, a moça já está empregada. Como é final feliz de história torta, o colete preto se inquieta com o queixume: "Mulher, quem deveria estar chorando é a gente. Você vai ver Rayane todo dia no externo. Eu que não vou ter mais uma careca pra cheirar." Gleice Kelly não ria nem desdenhava afeto. Finava-se baixinho: "Dói tanto, d. Jamila."

LARANJA

Eva Laura é lenda, o corpo brabo pausa o presente. Olhos rasgados, sardas abundantes, cabelo é peruca grisalha em desavença com escova. De cara enferrujada, não olha, desafia. A voz é rouca e grave, tem potência de grito. Não estou certa dos números, mas se apresenta como recordista de noites no mofo do Isolamento. Se não lá, o cortiço do Seguro é outro canto conhecido de Eva Laura. A vida no Isolamento é miserável, no Seguro é triste: isola-se por castigo, segura-se por proteção. Eva Laura estava em barraco no Isolamento com outras seis zicas e reclamava escassez de espaço. Zica de cadeia é presa abusada, Eva Laura é uma delas. O feito da vez foi vestimenta.

Presa antiga, os artigos são vários e pesam no arquivo. Sempre perto de atravessar, Eva Laura desembesta e estende estadia. Não é liderança, mas mulher tinhosa. Cheguei a ouvir "perigosa" antes de conhecer a trombuda no gabinete de d. Jamila. Colete preto veio em par, vigilante e carrancudo.

"Como está?", o timbre de d. Jamila era diferente, ensaiava mando. A mulher não queria conversa e devolveu o desafio: "No Isolamento. Como poderia estar?" O corpo foi a resposta, Eva Laura ignorava d. Jamila, preferia o teto. Recusou-se a sentar, mas dupla de colete preto tem por hábito ignorar a vontade. Houve melhoria na conversa, a psicóloga dessa vez acompanhava birra pelo queixo empinado. No último encontro, Eva Laura se instalou com lombo virado, d. Jamila se virou com voz sem rosto.

Há três dias no Isolamento, Eva Laura não se conforma com troca de cores. Há mais de década vestia o branco da rua, nunca vestiu roupa de cadeia. "Agora é diferente", anunciava sem baixar olhos do teto, "Me marcaram para deus não perder de vista. A polícia sempre soube onde eu estava". Em revolta, despiu-se. Não teve ordenança com autoridade para vesti-la no uniforme laranja. A troca de cores seguiu razão, o branco deve ser exclusivo de visitante. Desconheço preferência pelo laranja, já sabia do branco como enxaqueca em dia de quinta-feira, todo couro tinha cor idêntica no pátio. A igualdade encobria a chegada e o sequestro de roupas, embaralhava rostos. Mas a cor acalmava fronteiras, dentro e fora se reconheciam. O laranja seria agora diferença.

O branco feito laranja foi revolta e corretivo. Eva Laura aproveitou o direito de palavra para desfilar queixa: xepa, lotação, pancada, uniforme. Voltava sempre ao uniforme, "Por mim, teria vindo aqui nua. Fui obrigada a me vestir e a senhora imagina como. A senhora sabe o que significa uniforme? Não. Não sabe. Olhe no dicionário". Não sei se Eva

Laura se referia ao dicionário do fora ou aos modos de falar do presídio. No primeiro, uniforme é "vestimenta padronizada para determinada categoria de indivíduos". Laranja é farpela de presa bandida, "Penitenciária" é legenda à vestidura. Pelo branco, a mulher memoriava-se no fora, feito difícil, pois a nova cor grava sentença no corpo. Desuniforme é vida no fora ou nudez no Isolamento. Eva Laura, com algemas atochadas no lombo e olhos vidrados no teto, vestia laranja.

MÃO FALHADA

Jussara é habitante conhecida, define-se como hóspede do presídio. Dezessete passagens, todas curtas. "E vai ter mais", anuncia embarrigada do sexto filho. Seu Lenilton e d. Jamila esticam os olhos, desconfiam de arrendamento do futuro filho para família do fora. Não seria o primeiro a ser negócio e sobrevivência, mas Jussara planeja mudar de ramo, quer laqueadura. Chegou ao gabinete de seu Lenilton para entender o tal do "consentimento informado" exigido pelo hospital para as trompas pararem de passar menino. Como desconhece letras, o homem leu e traduziu os dez mandamentos do contrato médico. A consulta seria rápida, mas estendeu-se nas palavras.

"Estou ciente de que esta cirurgia de laqueadura é, na prática, irreversível", seu Lenilton desnaturou-se para leitura do feminino. Depois de "Sim" ao mandamento, Jussara inquietou-se com linguagem pitoresca, "O que é irreversível?". Seu Lenilton teoriza terror como pedagogia. Desfilou traduções desconhecidas aos filólogos, "Para sempre, sem jeito, não muda, não poderá ter mais filhos, não importa se tiver outro homem em sua vida, esse será o último filho", e por aí seguiu nos sinônimos do útero como laboratório da vida. Jussara o mirou séria, ruga na testa e boca cerrada, valente anunciou, "Eu vou fazer, chega de filho".

Seu Lenilton retornou aos mandamentos da ética médica. "Estou sendo alertado", assim mesmo no masculino dizia o texto, "para eventuais ocorrências da vida, tais como: separação, divórcio, viuvez, morte de filho, outro casamento ou posterior desejo de ter mais filhos". Jussara não esperou fim da leitura, de supetão anunciou, "Quero mais não, chega de filho. Vinte e oito anos, seis filhos. O senhor quer mais?". Seu Lenilton entendeu a resposta como informada ao terceiro mandamento do contrato. Uma tosse fingida reiniciou leitura, desconheço razão do engasgo, talvez o fato de ele mesmo ainda esperar o primeiro filho. "Devo aguardar pelo menos sessenta dias a partir da assinatura desta solicitação para que o procedimento possa ser realizado, exceto em caso de emergência com risco de vida...", Jussara acusou de vez espanto, "Risco de vida? O senhor está me assustando. Eu só não quero mais bucho".

Seu Lenilton interrompeu a leitura. Ele mesmo acha aquilo tudo sem jeito. Por rendimento, assume jaleco branco pendurado atrás da porta. Repete discurso oficial da medicina, consentimento informado em troca de vingança esquecida se o útero for perfurado ou se desgraça for destino. "Todo procedimento médico tem risco", arranha acabrunhado, "Risco não é morrer, seu Lenilton", desdenha Jussara, em afetação comum a quem já viveu particular com jaleco branco. Pior ainda estava por vir, o quinto mandamento. Se no texto sagrado é sobre jamais matar, no consentimento é sobre até morrer, "Fui informado das possíveis complicações do ato cirúrgico, tais como...". A lista é grande, de reações aos medicamentos a distúrbio psicossexual, dizia o documento.

"Vixe, está me dando medo", murmurou de olhos fechados e com as algemas se fazendo de óculos. "Repito?", perguntou o homem tímido na voz de torquemada. Jussara tumulou-se. O golpe final anunciava-se, "Mas você ainda pode ficar grávida", dizia o sexto mandamento. Jussara polemizou, "Como grávida, se antes já posso ter morrido?". Se para os médicos do contrato aquilo seria melindre de lógica, eu confesso dúvida: para novo bucho não é preciso útero de mulher viva? "Isso quer dizer que a equipe de saúde não se responsabiliza, entende?", seu Lenilton disse em voz pausada, como para se assegurar do texto. Jussara entendeu. E bem, pois fez questão de traduzir nos termos da rua, "Sei, quer dizer que, se o doutor tiver mão falhada, a culpa será minha. Essa é boa".

Mão falhada, título do derradeiro mandamento, "Isento a equipe deste serviço de qualquer responsabilidade sobre a decisão que agora tomo e sobre os riscos eventuais da cirurgia". Jussara ignorou riscos da mão falhada e resumiu determinação, "Eu vou fazer. Vai com a sorte, porque Deus me ignora. Melhor que fazer filho. Camisinha na hora nem vai. Já fiz filho com injeção", e pediu papel para imprimir digital. Uma cópia é sua, outra do arquivo, a terceira para o hospital. Já de pé, rezingou detalhe do útero, os filhos foram de parto natural. É preciso outro tipo de parto para encerrar menino com laqueadura. "Terei que ver o doutor mão falhada mais uma vez, seu Lenilton?"

QUIETO

Luana Apoema tem nome das origens do povo, mas o passado é recordação esquecida. Data de vencimento da sentença é passe livre para indisciplina. A mulher pratica horrores, estende-se no dentro, com estadias longas nos barracos do Isolamento. Nem chega a atravessar, os corretivos contam a regra do três e dr. Juiz determina permanência. Luana se aquieta. Novo tempo e ritos se cumprem. Não tendo bota-fora anunciado, a mulher se esquece por dentro. Presa antiga, os corretivos seguem ritmo das sentenças; basta ameaça de liberdade, novo rebuliço.

Luana é uma bicuda de presídio. Bicuda aprecia mulher, mas a palavra é multiuso. Uma bicuda perturba classificação de colete preto na descida do bonde: é mulher no declarado, mas outras formas aparenta. Duas mulheres em valete na jega podem até gemer em harmonia, mas nem todas são bicudas. No pátio ou na cela, bicuda anda com mulher a tiracolo, oferece muque e prestígio, em troca pede roupa limpa e comida melhorada, aquela que sai da cantina ou de panela privativa, jamais do refeitório. D. Jamila tem conhecimento da bicuda Luana, com ela inaugurou grupo de zicas. Bicuda zica é raridade, Luana é titular no regimento.

D. Jamila juntou oito zicas de Isolamento e montou grupo de conversa. "Como é sua vida de zica?", imagino tenha sido o começo da falação. Para alisar sofrimento, Luana frequentava psiquiatra. Pasta azul de registro se chama prontuário, ali as dores do couro e da alma são impressas. O prontuário de Luana era gordo, muitas receitas de nervosinhos e laranjinhas. Um catálogo mental em forma de siglas e cores. Há uns anos Luana libertou-se: assinou termo de recusa de medicação, nome importante para formulário de jaleco branco do fora. O documento já vem escrito, presa só preenche as lacunas, "Eu, ____________, interna da PFDF, recuso-me a tomar o medicamento ____________, responsabilizando-me pela reação medicamentosa, caso ocorra, dada a abstinência". Luana e *nervosim* estão lá de letra própria.

O grupo andou bem, o relatório de d. Jamila descreve calmaria. Prova é estar mais de ano sem Isolamento e distante do psiquiatra. Estava ali por outros sentimentos. Vinha em confissão, queria se preparar para atravessar, "Tenho medo", "Medo do quê?", perguntou a psicóloga. Luana matutava em silêncio comprido, arranhava unhas roídas, os dedos tatuados exibiam palavra do passado, *malat*. Era raridade de manhã fria, o tumulto de povo doente não havia começado. O ranger das algemas era som único, tilintava os olhos. "Medo do quê?", insistiu d. Jamila.

Luana saiu sem arrumar esconderijo, silenciou o medo. Não devia ser de d. Jamila, arrisco-me contando fuxico de paixão. Luana era zica com sombra de xerifa, não só por músculo ou passado, mas porque o jaleco manso da psicóloga lhe dava tremedeiras e calafrios. Num dia qualquer, d. Jamila e o grupo de zicas se aconchegaram sem vigia do colete preto. Conta reputação ter sido este discurso de Luana, "Se a senhora cair aqui dentro, o *queto* da senhora já está pronto". Como acréscimo de felicidade, d. Jamila ia ter posto de rainha da jega com favor de serenata. Não houve burburinho no decreto, respeitou-se a altivez da carne. Luana enxeria-se para d. Jamila, mexerico sabido da massa e admirado pelo grupo de bicudas. O feito poderia render uns dias no Isolamento, mas d. Jamila acalmou estripulia sem apelo ao corretivo.

Presídio é formigueiro. Quieto é privacidade inventada de lugar onde se banha com audiência, as precisões são indiscretas e se dorme de valete por falta de jega. Os beliches de três andares são cobertos por lençóis amarrados na jega, assim nasce um quieto. Quieto é como tenda de acampar, mas, no lugar de bandeirantes, bandoleiras passam a noite. Luana prometeu lençóis novos e limpos, e outras coisas emprestadas para mimo, além de quieto único para d. Jamila. Ela seria a rainha da cela, a bicuda garantia palavra e afago. Não sei quem arrumaria enxoval de boas-vindas, e me intriga o descaminho da psicóloga para vida maloqueira. O anúncio correu presídio e d. Jamila foi pega no comentário, "Luana te espera no *queto*".

BRANQUINHOS

Não sei se posso falar de festa em presídio. Era muita criança e avó, todas vestidas de branco para visita das mães. No presídio, a data é conhecida como Dia Especial, assim mesmo em caixa-alta, sinal de solenidade. O guarda-roupa tem estilo determinado pelo colete preto; branco é cor de visitante. Multidão branca só vi antes adorando Iemanjá ou segundando o ano-novo. Arrumados os sentidos, confidencio, aquilo estava mais para êxodo de flagelados. O barulho não era de festa, havia tensão. Eu não entro com a multidão, minha passagem é sem pressa, tumulto ou vistoria. Branco é senha para máquina intrometida vexar-se nas cavidades naturais. Algumas já saem da portaria para a cadeia, a máquina descobre erva ou pó escondido. A cena é triste, evito olhar, guardo o caderno. Vou conhecer a mulher lá dentro, não mais visitante, já uma presa na massa.

Criança miúda e mulher buchuda não são vistoriadas pela máquina, o colete preto olha torto, mas respeita blindagem da lei. A multidão chega às nove e se vai às três. É festa das mães, o dia mais movimentado do presídio. Alguns visitadores só pisam em cadeia em dia festivo, voltarão no dia da criança ou para presentear dezembro. Dia especial é rebuliço. Muito tudo, em excesso é gente e cheiro de rua. Fim de festa, início de baculejo. A economia se reanima, crise financeira desaparece e novas dívidas começam. A ordem já instável é alterada, poderes e posses são conquistados. Jaleco branco assume plantão, a novidade não é só dinheiro ou droga, mas dores e abandonos.

Colete preto se protege do calor seco na sombra fora do pátio, Rodoviária é teto disputado. Visitantes e presas se confundem; além de parecidas, vestem branco. O uniforme laranja ainda não era cor de presa; a história é do tempo do pátio em duas cores, preto para escolta e branco para a multidão. Os homens se destacam, poucos e tímidos. Há música, criança correndo, casais em segredo. Meu canto foi uma quina de corredor. Espiava a distribuição de remédios, enquanto um padre rezava missa ao microfone. Na vizinhança, as três celas de intimidade, o Parlatório. Entre gritos de "Gente, Omeprazol, gente", e "Espírito Santo, amém", batidas de cassetete na porta da visita íntima: "Vinte minutos", anunciava o fim. Eram três filas: a primeira esperava prazer; a segunda, miúda, vida eterna; a terceira, mais longa e animada, implorava branquinhos.

Flávia é pastinha de plantão, a voz rouca de gritar. Seu trabalho lhe rende remição, pastoreia doentes: a cada nome da lista do jaleco branco, Flávia percorre o pátio branco com espalhafato, para localizar a dona da receita médica. Sem a ordem de dra. Paloma, não circula remédio em cadeia, ou melhor, essa é a regra. O colete preto insiste na disciplina, mas o comércio resiste. Levozine é nervosinho ou bombom, o mais cobiçado para nervoso ou falta de sonho. Omeprazol ou trovão é popular, dor de estômago é cotidiano de presa. A causa é variada, mas a xepa de segunda está na boca da massa. O mercado varia de acordo com a oferta, a demanda é permanente: um nervosinho custa 10 reais; um trovão, 5. Curandeiro da cadeia é mesmo Amoxicilina, nem medicina conhece medonha utilidade.

O mercado de medicamentos é segredo, mas todo clandestino escapa das grades. Cabrita dedura, ou Amoxicilina em corpo errado denuncia malfeito. Se descoberto, corretivo é duplo, negociantes compartilham barraco no Isolamento. A falta é considerada grave, de dez a trinta dias no inferno. Alega-se roubo, ou extravio de receita com comprimidos. Presa tem medo de castigo, mas fraqueja com dor ou abstinência, e colete preto reconhece no nervoso ou no estômago o fim da resistência. O escambo é reprimido, mas percebo compaixão no corretivo. Sobre o assunto, não ouvi opinião de autoridade, sentimento aqui é ousadia própria.

BOI

Letícia é habitante antiga, hóspede que se demorava demais na casa. Saiu e voltou. "Mulher, de novo aqui?", o mesmo susto pelo retorno ouvi no gabinete de d. Jamila. "Mergulhei de novo, droga e furto", desesperançava a alquebrada veterana de cadeia. Letícia é trapo humano, tudo estava queimado e encardido no couro, o cabelo raro, o nariz falhado pelo fogo do crack. O corpo é sombra de retirante, vivia em favela de lixão na periferia da capital federal. No ano e meio fora do presídio, Letícia perdeu hábitos. No lixão se sobrevive, não se fala em saúde, os remédios foram esquecidos. Arriada no gabinete, esperava mandados com ar mais de decadência que de humildade.

Dra. Paloma administrava precisões. Quarenta e cinco dias sem coquetel faz o vírus crescer. Letícia estava em risco. Mas o arquivo do presídio o identificou antes do jaleco branco; uma vez no coquetel, para sempre nele. Desde que voltou, o tratamento se instalou no sangue, uma decisão administrativa de urgência. Dra. Paloma investigava as trevas da rua no corpo esgotado. Explorando o cocuruto, descobriu furo. "Que é isso, moça?", "Ziquizira de machadada", esclareceu sem gastar passado. Era uma devastação exterior, feridas, cheiros, vírus, dores. Mas a médica escarafunchava a tosse, "Tuberculose?", era a mais nova suspeita do prontuário.

Letícia não tinha idade, não era jovem, mas as rugas não eram de velhice. A médica encolheu-se na cadeira de plástico coçado, o aprendido na faculdade se atarantava com tanta aflição. Sem anúncio de retorno, recomeçou, "Agora, agora", assim mesmo se repetindo em concentração para o escondido, "O que sente?", "Nada", resignou-se em palavreado minguado. Mas e o vírus, a higiene e o sangue da cabeça? Dra. Paloma esqueceu a medicina e quis saber do kit de higiene, "Tem usado?". A entrega é mensal, um punhado de sabonete, sabão em pó, escova e pasta de dentes. Aproveitou a dúvida e entabulou conversa sobre banho, unhas e cheiros. Enquanto falava, abriu a porta e ligou o ventilador, ignorou tarde fria. Eram interjeições mais que gestos de resistência ao ambiente empestado, um azedo ardia pelo cheiro de amoníaco. D. Jamila presenciava atendimento; mesmo sufocada, iniciou conversa sobre como arrumar Letícia na cadeia.

O gabinete da médica apinhou-se. Sem assento, ajeitei-me na maca; a mesma em que se deitam as mulheres sujas ou as que a barriga blasfema milagre da criação. Letícia é molambenta, só no presídio cuida do couro e do sangue. Só entre grades que o governo da vida administra curativos, mas seu corpo é perigoso para a abundância da cadeia. Antes que dra.

Paloma e d. Jamila percorressem os cantos do presídio para acomodá-la, Letícia se adiantou, "Me tirem da Ala C. Lá estou dormindo na praia. Não consigo ficar no chão. Sinto frio".

O destino de Letícia seria a Ala B, esconderijo das doentes, inválidas, velhas, dependentes. Lá não se fuma. Ou melhor, a regra diz que não se pode fumar. Dizem que lá a xepa é de melhor procedência, e há camas para todas. Dra. Paloma pede transferência de Letícia, mas antes fala do mal do lugar, a pasmaceira da barriga. Presas antigas e novas resistem ao boi, um dos poucos espaços da cadeia já conhecidos além de seus muros. Mas não é fácil, mesmo para quem veio do lixo da vida. Não é só banheiro diferente, é latrina panorâmica, em que chuveiro e fossa ocupam o mesmo chão e a multidão da cela é assistência às precisões. Dra. Paloma adianta-se ao prontuário e prefacia, "Em uma semana avaliar prisão de ventre". Ao menos nisso, Letícia se parece à multidão que a acompanha.

ECONOMIA

A economia não segue mercado livre no presídio. Não tem isso de mão invisível, até lei penal se intromete em transação. Três dias de trabalho, um dia de remição de pena. Um dia a menos no purgatório por três limpando boi de presa. Há trabalho com dinheiro, máximo rendimento é 125 reais por semana. O trocado é da família, da poupança ou, o mais comum, calmante de sobrevivência. Estômago e nervoso são sofredores de presídio, queixosos de fome ou angústia. Cigarro, miojo e farinha láctea têm lugar de destaque na cantina do pátio. Presa classificada em cozinha é de confiança do colete preto, há sempre um descavando malfeito no cangote. Pelo balcão, circulam dinheiro, droga e dívida. Sexta-feira é dia de pagamento de promessa. Se a visita da quinta-feira é desaparecida ou o dinheiro foi também carestia no fora, há formação de capital desconhecida pela lei.

Josefa é cativa no jaleco branco. Ignoro se aflita ou negociante, a mulher sobrevive com amarelinhos e branquinhos. As cores adequam-se ao nervoso, só volume é curto para idas e vindas de receita. Josefa volta porque não dorme, volta porque surta, volta porque se desfez. Os braços escangalhavam-se. O corte sangrava, o espalhafato pedia costura. Emendada, aguardava dra. Paloma no Corró. Queria um particular. Com alguma compaixão e zanga, a médica ensaiou, "Moça, que é isso?". Josefa desentalou garganta, "Meu psicótico tá atribulado, doutora. Preciso de remédio para angústia". Angústia é vazio de ideia e bolso, e isso dra. Paloma aprendeu com presa, escola de medicina desconhece cadeia. Josefa se angustiava pela visita extinta da quinta-feira, a recessão instalou-se. Traçou plano econômico de emergência: dívida ameaçando surra, os braços abertos à faca furariam fila de catataus. O assunto demandava urgência, a receita de nervosinho seria costura de falência. Cada comprimido rende 10 reais, o fiado toma cinquenta. Uma receita rende trinta comprimidos, a dívida seria honrada, surra esquecida, algum dividendo futuro.

A médica ouvia com atenção, braço enfaixado não espantava desgraça. Dra. Paloma sentenciou ruína, "Não, hoje não tem receita. Você vai tomar injeção". O plano de Josefa ruiu. Injeção é horror de presa, não por dengo de picada, a falência é certa. Josefa implorou, "Doutora, a senhora não pode fazer isso comigo". A mulher, antes agitada, gaguejava, não ousava detalhar matéria de angústia. Colete preto é monumento no gabinete, fingia não ouvir, mas regra é ser sentinela dos sentidos. O comércio de medicamentos move o da droga, escambo conhecido no presídio. Anunciá-lo é desaforo, praticá-lo pede corretivo.

Josefa chorava, a picada certificava bancarrota. Encolhida, os ombros não sustentavam a cabeça. Os olhos cresciam, antecipavam terror. A cicatriz aliviava algema, mas a liberdade não movimentava tranquilidade. Já vendeu tudo o que tinha. Como presa antiga, alugava dormida na jega para provisória recém-chegada por 300 reais o mês. Mas dinheiros já estavam empregados em dívida maior. Pediu novo particular com a médica, outro canto doía, a angústia mostrou novo sintoma. Sem injeção, reclamou Seguro, a geografia da proteção no presídio. A surra era certa, fiadora da dívida não aceitava queixume de ferida por rendimento devido. Dra. Paloma se comoveu, convocou chefe dos coletes pretos. O remédio do Seguro não era sua especialidade.

GALINHAS

Nunca atentei galinheiro no presídio. Minha chegada tinha rotina: portão, corredor comprido, Núcleo de Saúde. Troca de palavra, só com colete preto na entrada. Em escondido da horta, à direita do corredor de zinco, estava o galinheiro. Nem piado ouvia, e a galinhada não era reduzida. Atribuo desatenção ao colete preto do primeiro passeio pela casa, "Se este portão estiver aberto, fique atenta; por aqui transitam internos da ala psiquiátrica". O aqui era território do galinheiro e teto dos doidinhos. Vizinho ao galinheiro é prédio da Ala de Tratamento Psiquiátrico, um puxadinho de pacientes em medida de segurança, condição judicial medonha de muita pena e pouco tratamento.

Doidinho é modo de falar do presídio, "preso doidinho", dizem colete preto e jaleco branco. Eu prefiro louco bandido, mas a indiscrição é particular. Dr. Juiz tem escolha de pompa, "indivíduo em sofrimento mental em conflito com a lei". Doidinho ou nome comprido da lei dá no mesmo, o fora quer distância. Doidinho não tem para onde ir, é desgarrado da existência. Refugiado é ontologia de doidinho; não há lugar no fora e ignorância se estende para o dentro. Cadeia não é lugar de doidinho, diz a lei, mas escritura é ignorada. Na capital do país, doidinho vive em cadeia feminina, não tem regra de sexo dividido. Nem sei se é gente, talvez por isso cela de doidinho avizinhasse galinheiro e horta. Eles são quase cem, muitos homens e raras mulheres. Eles em prédio próprio, elas perambulando na massa.

O galinheiro era xodó de Jacintinho, doidinho antigo do presídio. Dr. Juiz cessou medida de segurança, o homem foi considerado seguro. Jacintinho se foi, o galinheiro esperou retorno. A seca chegou, as galinhas tinham sede e sofriam com a quentura de agosto. O zinco persegue qualquer tipo vivo no presídio. "As galinhas ficaram órfãs", confidenciou-me colete preto. Antes de maior tragédia, traçou-se destino reto às galinhas: caça para ensopado no refeitório. Na falta de Jacintinho, as galinhas aumentaram natalidade. A saída foi aprimorar batalhão de caça, e Cocada foi convocado. Topei com o bicho miúdo na porta da horta. Arfava, o branco do pelo vermelhava de terra suja, os olhos redondos esperavam nova ordem. O cachorro descansava, o trabalho foi intenso sob mormaço doído.

Esclareço não ter visto a caça, soube do feito não por Cocada, mas pelo colete preto apresentado como familiar. Abriu-se o galinheiro, e, tal como as vizinhas de pátio, as galinhas só queriam saber de fuga. Foi correria com cacarejo jamais ouvida no presídio. Conta a história ter sido Cocada o chefe do pelotão de caça, mas colete preto rejeita protagonismo de outra espécie. A missão era caçar e impedir fuga para a vizinhança. Imagino o destempero de galinhada andando solta na massa. Cocada é conhecido como caçador de elite, vive em chácara e seu ofício é pastorear bicho grande.

Tirei olho de Cocada e fitei a voz da história. O tipo era um colete preto, mas chapéu-panamá e bigode penteado o deixavam bem parecido. Não sei se foi ornamento de dia de caça, ou se o homem é mesmo singular. Pedi licença para anotar história de galinheiro desfeito; enquanto escrevia, o homem enredou a própria vida. Era filho de pai presidiário, matador de vez única por desatino familiar. Conheceu presídio ainda criança, a experiência o fez policial. Passa o dia a contar remições, folgas e benefícios. Enquanto acariciava Cocada, anunciava, "Há vida após a prisão, acredite". E eu tentava juntar o último parágrafo à história de Jacintinho, galinhas e galinheiro. Cocada descansava, o homem marejava o passado.

RAPADURA

Quando estava por ali, almoçava no refeitório do colete preto. Só presa classificada trabalha na cozinha, pois dinheiro e faca pedem confiança. Maíra governava comida e dinheiros; na falta de troco, me fiava almoço. Cabreira, não me olhava, concentrava-se no palito entre os dentes e no pedido de comida. A mulher era taluda, o braço mais parecia perna e estampava um palhaço colorido como marca do ofício, uma imagem de ousadia naquele lugar. A tatuagem anuncia matadora de policial, nem fez tanto, o arquivo descreve tentativa de homicídio de rival. A família é de matadores, ninguém a visita, muitos resistem entre outras grades com estadia longa. Mas a mulher poderosa caiu e voltou para a massa, nada mais de refeitório ou regalias.

Além de cozinhar e contar, Maíra fazia correria escondida. Correria é todo dinheiro conquistado no presídio. O trabalho no refeitório lhe rendia remição de pena e uns trocados. Mas era pouco para quem lucrava 50 reais por crack fuleiro vendido a cinco no fora. Não se sabe quantas pedras circularam por semana nem a origem da bagaceira, certo mesmo era a cozinha como porto de distribuição. A governanta do refeitório encabeçava o negócio. Há tempos se suspeitava de crack no pátio, abstinência parecia mais epidemia. D. Jamila organizava os catataus por lombeira de provisória e sentenciada, as antigas eram maioria, sinal certeiro de pedra na casa.

Sei pouco da história, o tema é raivoso para o colete preto enganado. Conto de ouvido, não do investigado. Presa quando atravessa muda de cela, dorme na porta da casa. O lugar é arrumado, a jega é individual e sem cheiro de provisória. Há ainda cantina própria, espaço ao sol para lavar roupa, e o colete preto amansa disciplina. É paraíso para quem já viveu na massa ou dormiu nos barracos de Isolamento. O lugar é dormitório, pois presa passa o dia no fora em remição da pena. O confere diário é rigoroso, por isso é difícil imaginar tanta pedra escondida. A suspeita do deslize cai na máquina do corpo transparente há tempos quebrada: as cavidades naturais escureciam interior, já que pedra pequena não reclama muito espaço. Colete preto da inteligência diz desconhecer mula das pedrinhas, mas rumores de investigação não se escrevem.

Presa classificada para trabalho em refeitório também dorme na Ala E, assim, encontro noturno era conversa de comadre. As pedrinhas passavam de esconderijo, terminavam em buraco coberto com sabonete na parede da cozinha. Dali seguiam devagar para a massa, a parte mais engenhosa da conexão rapadura. Queixa comum de presa é comida, a xepa do sistema. Nem mesmo presa de rua reconhece vestígio de decência na xepa. Mais parecidas a rapadurinhas, as pedras esperavam encomenda da massa. O primeiro consumo de presa com dinheiro é xepa do refeitório do colete preto ou comida melhorada da cantina.

Além de administrar refeitório, Maíra gerenciava entrega de xepa, anotava pedido, coordenava remessa. Não se sabe quanto tempo o crack adoçou arroz da xepa, mas, pelo tumulto dos amarelinhos e branquinhos no Núcleo de Saúde, o negócio movia dinheiros. Semana antes da abordagem de Maíra, duas presas do refeitório pediram desclassificação do trabalho: preferiam olhar jega alheia a trabalhar com direito a comida decente. Presa quando pede desclassificação é indício de malquerença no território, e é a principal suspeita de cabritagem. Cheguei para almoçar e o palhaço havia sumido, meio sem jeito anunciei dívida por comida fiada. Não houve constrangimento, a nova gerente recebeu o dinheiro e deu baixa em caderno de caixa imaginário, pois o anterior a inteligência tinha confiscado.

BICHOS DA RUA

"Eu nunca fui presa de dar trabalho ao sistema, a malandragem ficou na rua. Me transfere de ala, lá está cheio de rua." Foi o começo de uma história fanhosa de mulher assombrada. As sobrancelhas pesavam nos olhos, os lábios eram um traço longo, comprido demais para o pedaço de nariz deixado pelo crack. Maria Carmelita carrega o nome da mãe, a avó é conhecida de quinta-feira. D. Carmelita vem sempre em barulho, na última visita estavam cinco dos oito filhos. A casa da avó é asilo de netos, aos oito de Maria Carmelita se juntaram seis de filho preso ou matado. A droga era economia familiar, por isso a desgraça chegou conjunta. Quinta-feira é rotina: sai do pátio, pausa em seu Lenilton. Há cinco anos não conhece outra semana.

Maria Carmelita é abusada. O sotaque carregado nos erres embrutece corpo franzino, "Vou mandar os bichos pegar aquele psiquiatra que disse que eu tenho duas caras, o senhor entende?". Não era bem pergunta ao final, o tom era de autoridade. Bichos são os capangas da rua; se verdadeiros e valentes como ela, seu Lenilton não teve vontade de saber. Eles aparecem a cada frase sobre o mundo da rua, cumprem mandados e esperam o retorno de Maria Carmelita. Ela me ignora. Visto preto, as cores, o caderno e a caneta impedem reconhecimento. A queixa ali não era colete preto, mas o jaleco branco do nervoso. "Eu estou atribulada", dizia com olhos vidrados.

A Ala C é aonde chegam presas provisórias. "Elas estão cheias de rua", queixa-se Maria Carmelita. E como final de cadeia é mais duro que início, presa sentenciada para fugir de tormento pede distância de provisória, uma casta de mulher desprezada em presídio. Essa era a urgência do catatau, ficar longe do cheiro de rua até o mês dez, prazo para dr. Juiz fazê-la presa condicional. Fez compromissos com seu Lenilton: não ter recaída na droga, não ir para Isolamento ou aumentar tempo no presídio. "121 me ronda", o número não era classificação de doença, mas artigo de crime. Para compromisso ser palavra, era preciso tirá-la da Ala C.

A conversa teve início com o tilintar de algema atochada pela escolta. Maria Carmelita ignorou gesto repressor, revide virá, mas não no instante. Colete preto ouviria suas façanhas na rua, mas o alvo da vez era o psiquiatra do presídio, "O doutor me chamou de bipolar, de duas personalidades, acabou com minha raça", cresceu voz para acusação. A receita indica uso contínuo de branquinho, remédio controlado desde o tempo do fora. "Mas isso é só uma doença", ajeitou seu Lenilton. "Mas eu não sou doente", retrucou antes de qualquer arrumação. "É uma variação", diz o homem, consciente do seu entendimento curto para transtornos do nervoso. "Isso mesmo. Sou só avariada. Pela droga. Não sou duas caras, eu digo tudo na cara, seu Lenilton, olha eu aqui. Eu falo abertamente. Isso de bipolar é quem tem duas caras. Eu não vou mais nele. Me disse que sou cínica e dissimulada. Certas palavras eu não engulo, lá fora a gente resolve." Colete preto bocejou alto, não de sono, mas de impaciência com o palavrório.

A mulher cuspia verdades. Ser duas caras é grave ofensa, mas não pelo desentendimento de seu Lenilton sobre nervosos e diagnósticos. Maria Carmelita não estava preocupada em ter a bola solta, é sabido o branquinho em sua vida. Sem ele, não dorme e se treme toda. Ser nervosa é diferente de ser bandida com duas caras. E essa regra o psiquiatra deveria saber, pois não é exclusiva do mundo dos bichos, mas da massa bandida. Duas caras é presa cabrita. Maria Carmelita não embroma, é mulher direta, repete isso com gosto de saliva azeda. Está ali para recado, o jaleco branco lhe deve desculpas pela desonra. Não sei se seu Lenilton será portador da desfeita, mas, se for, sugiro informar que o mundo dos bichos ignora medicina do jaleco branco.

HORIZONTE

O começo desta história é seu Lenilton quem conta. O homem trabalhava na Papuda, o presídio masculino da capital do país. Recebeu convite para migrar sexo de trabalho na cadeia, pois faltava assistente social na contraparte feminina. Nunca houve abundância de jaleco branco nos dois presídios, mas o povoado de mulheres com crianças era exagerado de precisão. Rendimento é pouco em qualquer das grades, e há quem considere presídio feminino pior dos ofícios. Sobre o tema, não há consenso, argumentos são preferências e incômodos, nada de absolutos sobre o sexo da matulagem. Mas o que convenceu seu Lenilton não foi ciência nem experiência.

Na primeira visita de seu Lenilton ao presídio feminino, Kamilla Kelly estava em cela solitária, rosnava ofensa em palavrório selecionado, desaforava-se com gosto para sombra de colete preto. O texto é impróprio para escrita, e mais ainda para repetição, seu Lenilton censurava-se enquanto percorria lembranças do encontro. Naquele tempo, a mulher já era habitante antiga, daquelas que vão e vêm. Embarrigada, reclamava pauta infinita, comida e jega eram temas preferidos. O susto de seu Lenilton não era texto, mas grito. No bando masculino, cabeça baixa e boca fechada é uniforme. Até ele havia mudado gesto, conhecia mais chão que horizonte. A ousadia de Kamilla Kelly o fez imaginar liberdade diferente entre as mulheres, mas, antes de migrar de cadeia, aprumou pescoço nos ombros.

O filho de Kamilla Kelly foi o primeiro a iniciá-lo na palavra entrega. Há mais de década o menino vive no fora, já esqueceu isso de vestir branco em dia de quinta-feira. "Os anos de presídio a deixaram menos gritadeira", desacreditei do testemunho. Como saudação é dispensada para quem anuncia a própria presença, a mulher debochava-se, "O diabo é sujo, seu Lenilton, sujo". As pernas alargaram-se ao redor da mesa como se fossem de dois corpos, as sandálias havaianas mais pareciam tamancos japoneses pelos pés espalmados e escondidos em meias brancas. Demorei a olhar para aquela que mais parecia profecia do passado de seu Lenilton.

A mulher recheava-se de conversas. Queixa era o Isolamento, uma cabrita a dedurou por baseado fuleiro. Seu trabalho na casa era de serventia, limpava boi alheio. Mas nem mesmo como faxineira do purgatório o diabo a esquecia, resmungava a confusão da vez, "Perdi benefício por erva vagabunda". Seu Lenilton ensaiou calmaria, "Como está no Isolamento?", mas a pergunta foi tomada como ofensa, "O senhor pergunta sério? Sem comida, até barata falta". Colete preto da porta inquietou-se pelo exagero, "Lá está muito bom, tem paz, aproveite para descansar". Kamilla Kelly acomodou-se, a audiência ampliada pedia microfone, "Paz? Aquelas vacas dizem que atrasei minha cadeia pelo baseado, atrasei, seu Lenilton? Nem Allan Kardec resolve, não é, senhora?". A concordância foi pedida ao colete preto, já que eu inexistia na cena.

Seu Lenilton resignou-se ao espalhafato de Kamilla Kelly, já se foram quatro dos dez dias no barraco. De quebra, a mulher ruminou falta de visitadores e dieta sem COBAL, seu Lenilton explicou faltar-lhe poder sobre o fora. O homem coçou a cabeça com impaciência, arrumou os óculos e pôs fim ao atendimento de muitas queixas e nada feito. A mulher foi aboletar-se noutro lugar, ainda dando coices no ar, e ignorante de ter sido argumento para migração. Seu Lenilton convenceu-se de que Kamilla Kelly é exceção; até dela, grito é espanto. Sobre horizontes além do chão, o homem pede reserva à liberdade imaginada, mas insiste na preferência pelo povoado com crianças.

BISAVÓ

A família chegou em bonde exclusivo. Avó, mãe, filha e cunhada, todas atadas por parentesco. O cubículo do bonde apertou-se para o encontro familiar. O negócio era cocaína suja, comércio de periferia da droga. A matriarca da bandidagem não esclareceu rendimento, os jornais da capital descreviam prisão de bando rico, 50 mil reais por semana. A Operação Tsunami varreu sem deixar tempo de fuga, até recém-nascida desceu do bonde. Elas estavam em quatro no Corró à espera da tarde de triagem. O silêncio era de fim de enterro.

Não sei dizer quem conta a verdade sobre o que nos acolhimentos. Só me abalanço a repetir coisa observada ou escutada, "Não julgar" é mantra do jaleco branco para dia de acolhimento. Não discordo do ensinamento, é só capacidade pitoresca para mim. Entre recitar o mantra e insistir no julgamento, assumo falta de finura para a bandidagem. Erro muito, não porque todas sejam falsárias da palavra, mas porque há sempre boas razões para contar histórias pela metade. Mesmo assim, arrisco, Érica parecia inocente. Havia verdade nela: tranças longas, uma boca repleta de dentes, bochechas infantis. A pergunta-choque de d. Jamila pescou espanto, “Meu Deus, isso aqui não é lugar de gente”.

Érica foi pega em investigação. O alvo era a sogra, Marilândia, matriarca da família bandida. Essa parecia bandoleira de quadrinhos, nada viu, nada sabe, nem mesmo entende por que houve reunião familiar no cubículo do bonde. Alta como um taquari, a pele era cinza, e os olhos, baços, complemento de cabelo de fuá grisalho. Érica era noviça de cadeia, Marilândia professa solene, oito passagens, todas curtas. D. Jamila ignorou Marilândia, queria mesmo era saber de Érica. A pasta azul de prontuário médico de Marilândia era memória de duas décadas, a de Érica sendo inaugurada.

Érica feriava em casa, é gerente de loja de departamentos de shopping da capital federal. “Trabalha?”, “Sim, estou de férias”, não estranhou tempo presente para instante no purgatório. É certo que já conheceu sentido de dormir na praia, mas o lombo doído impedia tomar palavra do dentro por realidade do fora. Até pensei em sugerir a d. Jamila sintoma de desvario, mas segui na audição. Érica teria direito a auxílio-reclusão, benefício de presa trabalhadora. D. Jamila ensaiou explicar, mas bastou a mulher ouvir palavra reclusão para fechar-se em si mesma. “Quantos filhos?”, “Dois”, levantou dedos irmãos. O golpe final chegou rápido, para beneficiar-se do auxílio-reclusão é preciso dar a guarda provisória dos filhos a alguém do fora.

Érica se desfez. Em silêncio, escapou dali. As algemas e o colete preto eram matéria da permanência, a mulher recusava o impossível. D. Jamila é paciente, precisa de pouco para entender a angústia humana. Esperou retorno. "Meu erro foi estar em casa à tarde. Foi estar de férias", isso explicava ser ela trabalhadora. Mala com cadeado no quarto era objeto escondido pela linhagem do marido. Enganação depois de onze anos de casamento, feito raro em presídio, Érica tinha papel de matrimônio. Na mala, a matéria-prima da matulagem se escondia, foi traída por muitos. "Como se sobrevive aqui?", d. Jamila não respondeu. Só se ouvia o ranger de algemas aparando lágrimas. A mulher se foi para o Corró familiar, recusou guarda de filhos e benefício.

O quebra-cabeça teve início para d. Jamila e seu Lenilton. Que a matriarca estava no Corró, todos sabiam. A avó, preferida de presídio para guardar filhos de presa, estava ali como chefa bandoleira. Cunhadas e irmãs eram vizinhas de cela, isso já era assunto farto. E mais, os homens estavam no presídio masculino, tolice investigar se havia algum livre no fora. O sem jeito foi saber para onde iriam as 31 crianças deixadas pelos treze presos da família investigada pela Operação Tsunami. Para quem ligar? Não sei de onde nem como, mas ouvi seu Lenilton em achado arrepiado, "Parece que há uma bisavó viva, alguém sabe onde ela mora?".

ESTUPRO

Ali é abrigo de mulheres bandidas. O arquivo não registra corpos transformados no presídio feminino da capital do país. Rita Maria é bicuda. Cabelo escovinha e seios apertados contra a carne ocultavam os hormônios de origem. A sombra no rosto retocava variedade do sexo. Ela quer assim se exibir, corpo indefinido é figura de prestígio na cadeia. Não lava roupa, não cozinha, nem arruma jega, tarefas exclusivas da namorada. Havia algo diferente naquela presença, Rita Maria choramingava perdão. Sentia dores nos rins, mas lacrimava pelo filho escondido no fora. O menino faltava-lhe na saudade, era sentimento grande.

Apresentou-se angustiada no gabinete de d. Jamila. Disciplinada à regra do olhar modesto, ignorou-me. A conversa estendeu-se, até começou carrancuda como bicuda de cadeia, mas a queixa se mostrou ordinária à multidão: saudade do filho, tristeza pela mãe. D. Maria não a visita e, pior, espalha por aí ser a prisão merecida. Pelos mexericos da avó, soube do filho sofrido. Não sabe do que nem por que o menino se esconde, anda descontente com a vida. Pede a d. Jamila visita especial do filho, "Ele tem vergonha de vir no pátio". A visita especial não é só a das mães, das crianças ou do Natal, mas a de dias diferentes da quinta-feira e fora do mundo do pátio. Pessoas importantes e histórias como a de Rita Maria não comparecem ao pátio, mas a retiro familiar distante do bando bandido.

Rita Maria voltou a falar dos rins, a dupla latejava à noite. Não dorme. Pelas dores da carne, a mulher choramingava, choro de água era de saudade do filho. Entre rins e filho, a língua destravou: o filho foi de estupro. "Ele é um menino inteligente, mesmo sendo do estupro dos bichos", segredou como quem não soletrava o indizível. Tirei os olhos de Rita Maria e concentrei-me nos de d. Jamila. A mulher se manteve a mesma, a palavra não se fez sagrada naquele espaço sem segredos. O pretume dos óculos não me indicava atenção do colete preto. Talvez pensamento divagasse, Rita Maria é presa tranquila, não tem passado de corretivos. O susto foi meu, a dor só dela. Os rins a fizeram resmungar, a saudade do filho a fez chorar, e o estupro, doer. Mas foi dor encabulada.

A bicuda aquietou-se. Era corpo desprotegido na prisão, mais um naquela multidão de mulheres. Rita Maria vivia na massa e lá se queixava dos rins, rejeitava comida melhorada pela namorada, também não tinha fome, era só mãe com saudade do filho. A casca indefinida sofria. D. Jamila não fez assunto do estupro; os rins latiam à noite, essa era a precisão da vez. Prometeu falar com d. Maria, a avó rancorosa e distante, mas urgente mesmo era incluir prontuário de Rita Maria na fila de dra. Paloma. Pedaços de realidade não me entravam na compreensão, pois me descomponho com sofrimentos segredados sob algemas. Esperei a cadeira ficar vazia, rompi meu silêncio e pedi explicação.

D. Jamila confessou modos particulares. Rita Maria tinha queixa com endereço no corpo, o lombo doía. Estupro foi segredo escapulido pela saudade do filho. "Entre os rins e o estupro é que esteve o mais importante do encontro", auxiliava-me a decifração, "Ela me testou sobre a escuta da palavra proibida. Eu irei cuidar do estupro, mas não hoje". Escapava-me vontade de réplica, sinto-me incapaz de dominar sentimentos e tratamentos em presídio. Resignei-me às notas de estrangeira e nelas o universo se mantinha binário com igual reação ao escapulido: o colete controla e o jaleco cuida, mas os dois souberam ignorar ou ouvir. A mim, o estupro causou espanto, desorientou-me dos rins e do choro angustiado da maternidade distante.

DIVÓRCIO

O nome era para ser de santa. Josefa Darc não é padroeira; filha de agricultores do sertão do Piauí, a mãe a queria pura. O sonho era vida em mosteiro de oração, vive hoje em clausura desconhecida dos parentes. A peregrinação não foi penitente, a pé saiu de Santo Antônio dos Milagres para a capital federal. Não vinha em busca de véu nem milagre, isso de planos não cabe nas ideias. Conheceu as ruas da W3, a mesma cantada pelo rock nacional. Lá fez pouso e perdição. Habitante antiga da casa, conhecida de todas não pelo quase nome de santa, mas por Dona Feia.

Até feiura a medicina classifica. Não sei por qual critério alguém é feio moribundo ou feio na visagem, mas há número na classificação internacional de doenças para feiura. Dona Feia não tem esse registro na pasta azul do presídio, senta-se no gabinete de dra. Paloma por outras dores. Corpo maltrapilho da rua ganhou novo couro; agora se banha, penteia cabelo e usa batom. A médica elogia o colorido, Dona Feia cresce em felicidade. A boca vermelha desaprumava-se, dois traçados dividiam lábios em quatro. E não era beiço lascado de nascença, mas corte de facão descido pelo marido preso. No encontro dos traços, da natureza e do facão, dente solitário lembra passado de luta.

Dona Feia tem cabelo liso. Os impressos da saúde a descrevem como alopécica na chegada, um nome difícil para cabeça pelada. A careca de Dona Feia deve ter sido a moldura final para apelido certo que não a abandona na casa. Ela mesma dá as horas pelo duplo nome. Bem gasta para o Dona, meio século que mais parecem dois, mas sem beleza. O desarranjo das carnes é que torna o título piedoso para quem o convoca. Dra. Paloma tem modos e pergunta quais dores movem Josefa Darc naquela tarde, "Meus olhos estão fracos, senhora, não enxergo de perto, só de longe. Tem nuvem nas vistas". Diagnóstico fácil, mas e as cicatrizes pelo rosto e corpo? E a perna manca?, "Ah, senhora, cada marca, uma história".

A mulher tem histórias. A mais dura delas foi o crime que a trancafiou no presídio da capital federal. Seu Lenilton não localizou registro de nascimento de Josefa Darc na pequena cidade do Meio-Norte. Fez outro nascimento na capital, depois de os jornais noticiarem matança de bando de rua. Se Josefa Darc era mesmo aquele nome, o presídio desconhece, talvez por isso Dona Feia não perturbe. Para cada tempo, um nome. Dona Feia é matadora, daquelas por vingança e ciúme. Jura não ter acúmulo de malfeito, esse foi crime solitário, o azar é longa sentença. Não é mulher de ser enganada, ainda mais pela vizinha.

Vivia com o marido na rua. O bando era extenso, mas a comunidade era dupla, dois casais: ela e o marido; a outra e o marido. As coisas iam bem, dividiam comida, dinheiros e sobrevivências, alternavam-se na vigília noturna. Um dia a outra embarrigou, Dona Feia cismou que a autoria da nova vida não era do marido devido. O seu próprio negou ter deitado em papelão alheio, mas não a convenceu. A mulher não teve dúvidas: armou-se de uma pá, a raiva deu-lhe forças. Trucidou a vizinha e fez do marido próprio comparsa do crime. Dra. Paloma conta que houve mais, marido devido da outra também se fez defunto. Dona Feia diz ignorar feito.

O passado de Dona Feia é longo. Não nasceu ralé, aos onze anos conheceu a droga. "Saí da primeira comunhão para a rua", é seu marco de história. Cachaça foi complemento de crack descoberto na capital do país. Tesourava lembranças e pedia parabéns ao jaleco branco, "Estou há um mês sem cigarro, senhora". Emendou o que parecia ser pedido de consulta depois dos óculos sem leitura, "Queria saber se meu companheiro tem algum problema de saúde, senhora", as sobrancelhas cerradas pesavam o olhar enevoado. Dra. Paloma pediu clareza na pergunta, "Problema de saúde em alguma parte específica?". Eu só pensei nas partes baixas ou naquelas doenças inconfessáveis, mas Dona Feia emendou, "Não, no psicológico dele, eu queria pedir o divórcio". Dona Feia não tem casa, só conheceu telhado no presídio; não tem registro, renasceu pelo crime. Parece ser verdade ter vivido em união estável na rua, mas, se isso faz dela mulher juntada para a lei, dra. Paloma pediu licença. Na falta de advogado, seu Lenilton foi chamado ao gabinete.

DEPILAÇÃO

Fabiana era a primeira da fila indiana, a procissão descia do pátio para visita ao jaleco branco. Mancava com pressa, parecia que algo mais pinicava que doía. As entrepernas eram a carne da vez, mas já foram braços cortados, tentativa de suicídio ou dores de cabeça. A queixa era diferente, catatau de urgência descrevia depilação malfeita, "Rasguei pele de lado a lado". Já do Corró, Fabiana anunciava dores para o jaleco branco que respirasse mais perto das grades, "Está tudo ardendo", "Sou traumatizada com a cera, por isso usei creme". No caso de haver algum, a voz grossa disfarçava pudor.

Não sei bem por qual motivo, talvez acanhamento, resolvi atrasar-me do colete preto. Da fresta da porta foi de onde escutei queixume. Imagino Fabiana ainda vestida enquanto descrevia o ocorrido: é mulher traumatizada com cera, vivência trazida do fora; é alérgica ao creme de depilação, mas, como gilete é produto proibido, viu-se entre trauma e alergia, optou pela última. Depilou-se com creme e ali estava para mostrar o estrago da química na carne. A voz do jaleco branco escutava sem inspecionar, parecia não entender insistência na depilação se o dilema trauma-alergia era já conhecido.

Fabiana cresceu para explicar o sofrimento. "Dona, é melhor prevenir que remediar. Estou cheia de ocorrência, se a segurança me vê peluda, vou para o Isolamento", desfilou solene regra até então desconhecida. O colete preto despertou a pasmaceira, "Desde quando inspecionamos periquita?". Fabiana não respondeu, repetiu certeza, cabeleira escondida é motivo de Isolamento. O jaleco branco não queria mais saber da cabeleira, mostrasse o rasgo que a fazia mancar. "Abaixe a calça", nem de longe pedido, puro enfado. "Estou sem calcinha", ausência para o colete preto se alterar, "Isso, sim, é motivo de indisciplina, e de gravidade maior que qualquer peruca". O pelo virou peruca, e me inquietava saber se não seria um daqueles casos da maneira de falar do presídio. Quem sabe eu imaginava uma coisa e outra bem diferente era discutida? Mas não pude deixar de fantasiar o Isolamento apinhado de presas peludas.

Resolvi me concentrar na escuta pela fresta. Entre depilações e calcinhas, o veredito foi anunciado: não havia nada cortado nas entrepernas de Fabiana, exceto a natural anatomia, "Só um pouco vermelho pela depilação. Nada anormal, nada ferido". Mas o teste de realidade não foi suficiente para a mulher insistir no dilema, "Depilar ou não depilar, não sei mais o que fazer. Só não quero ocorrência". O colete preto tinha outro dilema, se não há ocorrência pela cabeleira, a cabeleira desnuda é indisciplina certa. Enquanto discutiam versões de indisciplina das partes baixas, se peluda ou desnuda, minha dúvida foi sobre procedimentos de inspeção. Mas achei melhor silenciar, bastava a fantasia do Isolamento.

Fabiana negociava permanências sem calcinha. "Eu só preciso de três dias", mendigava a ventilação natural. O jaleco branco se resignou antes mesmo de a mulher botar questão. Sim, escreveria no prontuário, informaria a torre que, por sua vez, autorizaria o plantão da Ala C, Fabiana permaneceria três dias sem calcinha. "Sem calcinha, mas de calça", repetia jaleco branco para não deixar dúvidas, "Razões médicas", escreverei no prontuário. Só que, antes, a mulher prometeria não mais se depilar, o dilema trauma ou alergia não tinha solução. Arrisquei-me e empurrei a porta, eu precisava vê-la. Já vestida, Fabiana estava sentada na maca. Olhou para todas com cenho franzido, "Certo, não depilo, mas a senhora escreve uma ressalva no meu prontuário: 'Selvagem por razões médicas.'"

EXCEÇÃO

Isolamento, Seguro e Parlatório são espaços de exceção. Cada qual com seu destino. Isolamento é corretivo, presa não escolhe, é despachada. Desce o poço e conhece barraco pior que cela. São três barracos com jegas para quatro presas, cabem doze no inferno. Seguro é salvamento de droga, dívida ou malquerença. A presa implora seguro de vida, o que na cadeia é sempre geográfico. O Parlatório tem duplo uso: em dia de visita é reduto de intimidade, no restante da semana é retiro do corpo. Ali não tem luz e, sem a intimidade do sexo, o lugar é o oco do mundo. São três celas com duas portas, uma abre para o pátio, outra para o corredor da segurança. Há o povo do Seguro e o do Isolamento, no Parlatório é só uma por cela. Despossuída, é o momento de a presa ser ela, a temida ou a prometida de morte pela multidão. É preciso coragem para ser só, ser ela a prisioneira de si mesma.

Nos meus primeiros tempos de presídio, não havia espaço proibido. Havia regra, "Somente pode ir aonde tiver escolta". Assim visitei espaços da exceção, Parlatório, Isolamento e

Seguro. Ou ainda o P-Zero, o isolamento do Isolamento, cela solitária e escura na Ala E. Janela do P-Zero é minúscula e gradeada, contempla corredor de zinco e horta. Presa P-Zero é distante da massa e perto do fora, da janela assiste à vida ampla do presídio. Minha circulação só foi reprimida depois que criei raízes no Núcleo de Saúde. Não houve ato diretor alterando meu regime de permanência, mas rádio anônimo tinha resposta única a cada tentativa de movimento, "Não pode". Não importunei razões ou lembrei autorização de livre copresença com escolta, pois resignação é adjetivo à sobrevivência em presídio.

A regra do "Não pode" cresceu, atingiu jaleco branco. Chegou notícia de confusão no Isolamento. Chefa do colete preto recomendou visita de d. Jamila, "Quem sabe dar uma olhada no que está acontecendo? Uma delas diz que vai se matar". D. Jamila protegeu-se no jaleco e me fez de companhia. Esbarrou em colete preto na porta do Núcleo de Saúde. "Ela vai?", a pergunta me evitava como realidade. "Sim, comigo", respondeu d. Jamila com a voz de quem não veste preto, mas reconhece lugar na hierarquia, "Espere, vou consultar se pode". Estrompa não houve, fisionomia do mando, talvez.

"Nem ela nem você podem ir ao Isolamento. É arriscado. A partir de agora chame as internas para atendimento aqui", nada de ora-veja, ordem pura. Estiquei os olhos para d. Jamila, a mulher não se alterou. Nenhuma ruga, sem sombra de zanga. "Certo, quero todas, uma a uma, vou montar a agenda", ombreou. A semana seguinte seria de atendimento das isoladas, três por turno. O pedido de atendimento de todas e sozinhas é enxaqueca. As presas marcam passo, em posição de sentido descem em fila indiana, algemadas umas às outras. Duas escoltas pastoreiam trânsito, uma a bombordo e outra a estibordo. Presa isolada reclama tratamento exclusivo, colete preto não tapa ouvido, nem descansa visão. Isolada não espera atendimento no Corró, sozinha se atocha no sofá da entrada. Ao entrar no gabinete, duas escoltas vigiam a porta e a proximidade com jaleco branco. As mãos algemadas escondem-se no lombo.

D. Jamila silenciou sobre o ocorrido. Encabulei-me, sei que a desordem foi causada por mim. Jaleco branco transitava pelos espaços de exceção, risco não existia até então. Meu caderno de notas ameaça e meu preto não acalma. A exceção passou a ser o Núcleo de Saúde, lugar exclusivo do "Pode". Desconheço se perturbo ou escondem. Não sei se tentam varrer exceção de minha imaginação; feito impossível, pois, se não ouço os fantasmas, não esqueço o inferno. Se houver segredo verdadeiro, daqueles que o fora suspeita, jaleco branco não testemunha. Minhas raízes no Núcleo de Saúde acalmam a inteligência do presídio. Se me equivocar nas notas, jaleco branco que se explique; mas, se o roteiro for bonito, feitos da saúde são orgulho da polícia. O que foge ao plano do "Não pode" é que as isoladas têm denúncia como texto. Se exageram, não sei, há tempos não visito exceção.

BICHO PELUDO

Quinta-feira, dia de visita, o pátio não é mais todo branco. Os brancos puros minguam, a massa é laranja. Só agora vejo a raridade dos visitadores. Eles têm gênero na gramática da sobrevivência: são mulheres visitando mulheres. Pensei que as visitadoras eram parentes, mães, irmãs ou filhas de presas. Descobri que a estatística do presídio traía minha percepção do gabinete de seu Lenilton. As preferidas são aderentes, as amigas de presas. Parentes ou aderentes atravessam de quinze em quinze dias, a prioridade do alfabeto organiza lista de visitas. Provisória de letra A garante a primeira quinzena.

A regra do "Não pode" é menos vigilante em dias de visita. Por esquecimento ou indiferença, faço pequenos passeios pela torre ou pelas alas. Há muito barulho na casa e sou desimportante para prioridades de vigilância. À sombra de d. Jamila, perambulo pelas celas enquanto multidão festeja no pátio. Na ala mais próxima da torre, estão as provisórias esbanjando cheiro de rua. Após descida do bonde, são duas semanas sem visita do fora. Os quinze dias são de privações, nem droga nem branquinhos para entreter insônia feroz.

Lá estava Francineide, não era sua letra de visita. E, mesmo que fosse seu dia, não adiantaria: nenhum nome se registrou na portaria como visitadora daquela nascida na rua. É crackeira nômade, sua parada larga está sendo a cela 12, a mais escondida no longo corredor de entrada do pavilhão principal. A cela estava apinhada de mulheres. D. Jamila vinha acompanhada de dois jalecos distribuidores de remédios. A precisão era grande: dores, comida e sono foram as vozes mais altas, mas teve penico e mata-baratas. Um fuzuê danado, mas o mulherio assumiu bucho de Francineide como tema único.

Contei nove mulheres, a cela escura escondia vultos ao fundo. Francineide levantou a camiseta e demonstrou-se, o corpo era monumento do bucho gigante. Gravidez madura, eu arriscaria. A pastinha da Ala C foi autorizada a abrir cela, o ferrinho foi destrancado, e só Francineide saiu. Há um estreito corredor entre a cela e a segunda grade, nesse espaço a mulher encostou barriga para exame de bucho. Um conjunto de mãos investigava a circunferência, "É mole", "Mas está grande demais", eram os primeiros diagnósticos da medicina de presídio. Francineide remendou, "Mexe. Vai nascer o que daqui?", "Um bicho peludo", anunciou voz da escuridão.

Francineide seria esperada no Núcleo de Saúde no dia seguinte. Três filhos vivem no fora, uma cicatriz divide o torso. Dois seios, duas bandas de bucho. O jaleco branco recolheu a mão, a pastinha devolveu Francineide para as grades. No caminho, alguém arriscou, "Não sei, mas isso parece barriga do crack. Todas têm esse bucho". Ali superlativo não era exagero, aquilo era mesmo buchão. No outro dia, Francineide se despia para dra. Paloma. "Quando começou a crescer?", "Quando cheguei aqui", pois geografia é tempo para presa. "Essa cirurgia é de quê?", nova tentativa, "Não sei, depois dela, meus meninos começaram a sair por ela. Eu era doente das tripas".

Saio de minha cadeira, olho a cicatriz divisora. Alta, próxima aos seios, anunciava rachadura. Talvez só bichos peludos saiam por ali, mas como não acredito neles espero definição de autoridade. A médica é outra que alisava o buchão, num pegadio quase de agrado. Francineide deitou-se, as algemas deixavam as mãos mais gêmeas. Insistia na mexeção da barriga, algo nasceria dali; pedia à médica concordância. Dra. Paloma concordava, é verdade, mas não por vida, "Por flatulência". Francineide gritou, "Sabia que estava morrendo, eu sabia". O colete preto e mouco da porta não se conteve, "Morrendo de peido, só se for". Dra. Paloma ignorou discussão mais higiênica que diagnóstica, "Obstrução aguda. Ela precisa ser transferida". Já vestida, Francineide surdinou, "Bicho peludo faz isso, doutora?".

PRESEPADA

Segunda-feira, cheiro de fumaça despertava o desatino. Feito era notícia em jornal da capital do país, "Uma detenta em isolamento tentou atear fogo no colchão, enquanto tomava banho de sol no domingo". Detalhes do enredo ainda estavam por ser contados, mas fogo e urgência eram fatos. Não havia rotina para o jaleco branco, e as isoladas seriam ouvidas uma a uma. Foi a primeira vez que vi colete preto com cassetete na cintura, fisionomia do mando era ornamento ao silêncio. Com rota calculada, Janaína subiria do castigo para o gabinete de d. Jamila. Ela era a mulher da notícia, a incendiária dos barracos. Cabem doze zicas em castigo, isolavam-se dezesseis no chão queimado.

Janaína é conhecida do Núcleo de Saúde. É mulher de muito bufar, de muito gritar, de muito queixar. Vive há nove meses na casa, teria estadia curta, mas a indisciplina estende sua permanência. O malfeito teve origem nas cavidades naturais, visitou presídio masculino com droga escondida.

Tráfico em área de segurança é o nome de seu artigo. Pelo menos uma vez por mês compra questão com d. Jamila. Desta vez, chegada foi anunciada, eram três coletes pretos só para Janaína. Em posição de sentido, ajeitei-me em canto escuro, esperava chegada da besta-fera. O grito estrangulava a garganta, pulsos atochados ao lombo impediam reação, tornozelos algemados a faziam estátua. Pensei em tapar os ouvidos, pois texto arrepiava, "Não tenho vontade de viver", "Quero morrer", "Acabou, acabou, acabou".

D. Jamila não interrompeu urro. Janaína podia bufar à vontade, que a psicóloga nem se movia. A presa vestia cores desconhecidas, pés descalços exibiam calcanhares roídos. Cobriu a nudez do Parlatório para visita ao Núcleo de Saúde. Desde o fogo, esperava desgraça em solitária. A mão presa volteava algema escondida no lombo para enxugar lágrimas. "Comprei bucha de remédio. Mais de cinquenta. Quis me matar", passou a soluçar alto e terrível como se as entranhas escapassem pelo grito. "O que esperava?", foi primeiro murmúrio de d. Jamila, "Morrer, só isso". Sem movimentos, a fúria dependia da testa, martelava a cabeça na mesa de ferro. Todas a miravam, nada de pena ou medo, absoluta vigilância.

Dra. Paloma aproximou-se do gabinete da psicóloga, "Prescreve", anunciou imperativo. O código foi entendido por Janaína, a mulher iniciou peditório, "Não injeta, quero viver minha dor, não injeta, não injeta". Tomaria um sossega-leão. Nos modos de falar do presídio, sentido é de cercado duplo: antipsicótico misturado a sedativo, seguido de barraco no Isolamento. Doses altas, se não a fizessem dormir, tampariam garganta para grito. D. Jamila explicou ordem médica,

"Você está alterada, vai se acalmar". A resposta arranhava os ouvidos, "Não. Não estou. Estou com meus pensamentos em ordem". Colete preto ofereceu calado em resposta, moveu-se para cumprir ordem do prescreve. Ergueram Janaína, a mulher iniciou resistência.

Era preciso força para conter desobediência. Defendia-se com tudo que restava, corpo dobrava-se, voz falhava, cadeira movia-se colada ao lombo. Eram já quatro escoltas para arrastá-la pelos três metros entre o gabinete e a sala da injeção. Do Corró, era assistida por grupo de oito presas algemadas, todas de crista baixa. Algumas preferiam o chão àquela cena. Mas escândalo não era novidade para o Núcleo de Saúde. Com pequenas variações de enredo, já foi vivido por Janaína no passado. Era só a primeira vez que me tinha por audiência.

"Não acredito que se mate. Ela é uma presepeira", jaleco branco aguçava desconfiança. Eu me resignei ao espanto de estrangeira, a mulher engabelou até psiquiatra. A pasta azul da saúde mostrava tentativa de se passar por louca bandida. A classificação psiquiátrica da chegada foi riscada, F.60 para Z76.5: como diagnóstico não é transtornada, mas fingidora. Descobriram que não seguia receita, sobrevivia com comércio de laranjinhas no presídio. Pedi socorro aos olhos, arregalei o espanto. Janaína havia me envolvido no sofrimento, ninguém mais havia estremecido. D. Jamila se aproximou de meu caderno, "Ela é manipuladora. Sei que é forte ouvir isso. Ela pode até morrer, mas será de um descuido". Janaína é uma presa presepeira. Com a cautela dos assustados, eu diria, "presepeira convincente". Só me faltava ânimo para defender questão.

SINA

Esta é a história de um menino miúdo nascido no presídio. Todos se lembram dele sorridente, Samir era o seu nome, filho de Laila, uma marroquina desviada pela droga. A moça era de uma magrém desconhecida pelas bandas de cá, tinha porte de gente fina. A lei diz que criança vive sete anos em presídio, desde que haja creche como território exclusivo. Mas a regra do presídio feminino da capital federal é breve, com seis meses criança deve conhecer mundo sem grade, fumaça e sirene. Os seguradores de bebês retardavam a saída de Samir enquanto buscavam alguém do fora para guarda provisória. A verdade é que seu Lenilton e d. Jamila não têm poderes de segurar bebê na cadeia, quando muito argumentam pela espera de parente ou aderente. Quem decide é o dr. Juiz.

Há uma hierarquia no sangue preferido para a guarda provisória. Avó é substituta de mãe, e pode ser qualquer das avós. Para o presídio, o velho ditado "Filhos da minha filha meus netos são, de meus filhos serão ou não" é sem serventia.

Avó é tudo igual. Na falta delas, descobre-se algum valor no marido. Mas história comum de presa é marido ter caído no crime antes dela. Raro é o tipo livre das grades e visitador da esposa nas quintas-feiras. Sobram as tias. Presa só conhece nome de parente por vocativo, e dr. Juiz reclama sobrenome para entrega de criança. Uma genealogia feminina é perseguida, e seu Lenilton se enxaqueca com parentescos curtos e sem endereços.

O pequeno Samir era de idade muda, barulho era de choro ou riso. A boca era frouxa, sem dentes e com cheiro de leite. A regra dos seis meses virou tormento, corpo miúdo se agigantava para limite da criação entre grades. Fez aniversário de ano na cadeia. Samir andava e sem lição imitava a mãe: corpo virado e os olhinhos pretos buliam, mas não ousavam mirar colete preto. O aprendizado foi canino, bastava proximidade de colete preto para menino girar a espinha, baixar a cabeça e fungar a parede. O dever de procedimento provocava engulhos, arrepiava até colete preto de coração duro. Laila tinha vocabulário minguado de estrangeira sem visita, mas pela tradução do homem da inteligência implorava a permanência do menino. Alguém do fora anunciava chegada e salvamento, o parente só não vinha em visita. Quinta-feira era como um sopro do diabo. A mãe deu para chorar, e o menino risonho tremia o queixo. A entrega de Samir foi decretada, abrigo ou nova família, Laila escolheria destino. A data estava no calendário, o futuro era logo.

Abrigo é inferno na boca de presa, a criança é enjeitada. Qualquer gota de sangue é melhor que desconhecido como família. Não se sabe como, mas uma irmã de Laila chegou ao presídio. Não era quinta-feira, mas regra de visita foi desimportante. O menino escapou como fugitivo, levou o pouco que tinha. Presa que perde o filho na entrega foge do presídio sem sair das grades. O dia da despedida é triste, o seguinte é miserável: não há deserto maior que o primeiro dia sem o filho. Quem parte não é só a criança de berço: junto se vai o sentido da sobrevivência de uma mulher parida na prisão. Sem Samir, Laila passou a ser presa comum, mudou-se de ala, as poucas regalias conquistadas pela criança se foram. Começou a se habituar à vida de saudade. Duas fotografias latejavam as dores da triste sina.

IRMÃS

Elas não são gêmeas, mas muito parecidas no genérico: cabeleira anelada, pele parda, olhos redondos. Uma é média, a outra, gorda. A diferença de volume é decretada pelo arquivo policial segundo classificação própria. As mulheres podem ser magras, médias, gordas, troncudas ou raquíticas. Não sei se um corpo pode ser médio troncudo, Camila era só média. Elas gostam de fazer tudo dobrado, até os maridos são irmãos. Bruna dorme à beira da praia, Camila não tem medo de altura, ocupa a jega mais perto da luz mortiça. As duas fogem de barata, um tormento de presídio. Não há presa que não conte história de baratinha intrusa por virilhas ou entranhas, "Elas entram pelo ouvido" é sabedoria compartilhada. Barata explica tudo que medicina desconhece, de coceira nos pés a zumbido noturno.

As irmãs já foram quase siamesas, hoje se suspeitam. São treze filhos no fora, esperam o retorno das mães para ter casa, dos pais desconhecem até a sombra. A meninada sobrevive em abrigo único da periferia da capital do país, uma irmã de caridade manda notícias. Raro comparecerem à quinta-feira em visita, assim não há portador para a irmandade. A última visita foi no dia da criança, o presídio estava em festa. Colete preto instalou brinquedo inflável no portão principal; dos treze filhos, oito recusaram entrada. Preferiam brincadeira na fronteira a piquenique no pátio branco com as mães. Camila e Bruna não insistiram, estavam para atravessar em breve, os filhos seriam vistos no fora no próximo saidão.

As duas esperavam atendimento no Corró. Camila era diferente do genérico do arquivo. Olhei bem para o corpo médio e o achei gigante, mas reconheço que cada classificação é pitoresca a seu modo. O nariz era roído, a pele era engelhada como papel velho amassado, o cheiro, nauseabundo e sufocante para a tarde abafada do cerrado. A cena era novidadeira para mim, eu olhava seu Lenilton em busca de tradução para o que desentendia. Nem mesmo das estrangeiras precisei de tradução, mas Camila falava de jeito que só o experiente escutador acompanhava, o dente solitário cortava as palavras. A confusão era no timbre e no enredo. Atravessou, mas confundiu topografia no primeiro saidão, "Um erro de numeração do lote, em vez de casa seis, era nove", explicou matemática do desencontro. O mal-entendido é traduzido como falta disciplinar para o colete preto, que perdeu viagem na vigilância do confere sobre a dormida fora do presídio. "Agora, estou de ocorrência", mais uma para as que o arquivo coleciona.

A angústia da vez não eram os números do lote. Queria saber se John Lennon estava vivo ou morto. "Sim, ele morreu com um tiro", seu Lenilton assumiu certa exatidão nos gestos, o assunto lhe era familiar. "Foi mesmo na porta do supermercado? Ele lutou antes de morrer?", a mulher replicou com estridência, a angústia deixava o texto incompreensível. "Tiro na porta de casa, mas isso foi há muito tempo, por que importa?", havia impaciência na pergunta. "Porque John Lennon era meu marido", desafiou a impertinência, "John Lennon estava preso e no saidão não voltou", desembestou detalhes desconhecidos da outra viúva, "Uns diziam que estava morto; outros, foragido". Seu Lenilton assumiu gravidade atenta nas desculpas, explicou que falava de outro Lennon. O melhor era ligar para o presídio masculino da capital federal e ver se John Lennon, não o músico defunto, mas o traficante, estaria vivo ou morto. Antes, certificou-se do sobrenome do homônimo: John Lennon da Silva.

"Vivo", disse a voz do outro lado da linha. Camila não era mais viúva, a mulher encompridou os olhos, desenrugou o cenho e acamaradou-se de seu Lenilton. Como o sonho não acabou, o pedido era uma visita especial, um passe para o Bonde do Amor entre presídios, "Deixe ele vir aqui, seu Lenilton, tem dois anos que não vejo ele". O Bonde do Amor é uma gentileza do colete preto às famílias bandidas, leva e traz amores separados pelas grades. Seu Lenilton deu murmúrio como resposta, registrou saudade no caderno de queixas, era vez de Bruna sair do Corró. Me assegurei do desentendimento da estética policial, as irmãs não tinham nada de parecido. Bruna alisava o cabelo a ferro, uma peruca de múmia se movia no alto da cabeça a cada giro do pescoço. Era baixa, a voz de soprano cantante, o sorriso mais dos olhos que dos lábios. Havia muitos dentes na boca tímida. Bruna era esperta, mulher consciente de que o sangue a aparentava no presídio, mas não no destino do fora. Não caiu na vigilância do confere e sobrevive sem indisciplina na casa. "Mas por que não corrigiu o endereço de sua irmã?", atazanou seu Lenilton, "Porque isso é problema dela e não meu".

Seu Lenilton arrumou os óculos e a espinha antes de anunciar as boas-novas. O cunhado estava vivo, atrasado na cadeia, é verdade, mas sobrinhos não eram órfãos de pai. E, por falar em filhos, Bruna explicou família. Entre os seus e os da irmã, eram muitas crianças. Desde que passou a transitar pelo fora, não deixava de visitá-los no abrigo. Dos treze, sete meninos eram seus, ou melhor, "Seis, um deles é sobrinho de outra irmã, que a droga matou". O mais velho tem catorze anos, o mais novo só dormiu com a mãe no tempo de Ala A, o gueto das crianças. Sem os pais, as crianças esperam pelas irmãs cuja liberdade domiciliar é anunciada para o próximo ano. Se o caminho de Bruna se desviou da irmã, no pedido de visita se apaziguavam. A tranca do peito era a mesma, "Seu Lenilton, preciso de uma visita especial com Elvis Presley. Tem dois anos que não vejo ele".

CARTÃO

Eles dizem que ela era mulher da vida. Ela nem discute invencionices, a carteira de trabalho como secretária de firma desfaz rumores de quenga. Dayana é mulher alta, de fala moderada e ensaiada, movia gestos de senhora. Andava devagar, os passos do Corró ao gabinete de seu Lenilton pareciam de procissão à espera de bênção. Morosos de agonia. O catatau anunciou urgência, não teve espera nem intermediário do pátio para o jaleco branco, "Seu Lenilton, por favor, me ajude, meus filhos estão com os meus sogros e quem está cuidando é a tia deles. Eu, infelizmente, dei a guarda provisória para eles, mas só que a tia deles está batendo nos meus filhos. Por favor, me ajude, pois, infelizmente, estou presa e não posso fazer nada". As vírgulas pausavam o texto, mas também o que ainda estava por vir.

O falaço do fora era grande, a visita de quinta-feira assentou certeza: os filhos eram espancados. Luísa tem dois anos, doze hematomas contados no corpo vestido. A tia não escolhe jeito, já bateu de escova, chinelo e cinto. O rosto foi costurado por pancada atravessada. A menina é mais miúda que a idade, anda carrancuda, uma longa desconfiança lhe dá gestos oblíquos de mulher velha. A sirene do pátio branco anuncia fim da visita, Luísa não arreda os pés: prefere o presídio à vida no fora. João tem quatro anos, corre como um coelho, apanha em dobro pela ousadia. A tia insiste na pancada até vê-lo chorar, sem lágrima a surra não acaba. Com sílabas tortas, repete o grito da tia enquanto apanha, "Filho de puta tem que apanhar mesmo". Vivem há oito meses em regime de paulada, faltam seis para a mãe atravessar.

Os olhos de Dayana incendiavam, "Quero Conselho Tutelar neles". Conselho Tutelar é pior que polícia, vigia criança alheia, e império é maior que o da lei. É a moral batendo à porta ignorando se há reinado doméstico. Conselho Tutelar é como Maria da Penha na boca de presa: é substantivo com direito a ser sujeito de oração. Uma entidade que se basta, quase sagrada. As expressões "Quero Conselho Tutelar" ou "Ele tem Maria da Penha" resumem bagaceira e adiantam corretivos. O marido preso de Dayana tinha Maria da Penha nas costas por pancadaria familiar. Ela quer distância dele, só não sei se por vontade própria. O tipo já se arrumou com outra, notícia de abandono não lhe foi contada em viva voz, mas por correio de presídio. Ela aproveita as lembranças do ex-marido para pedir Maria da Penha na tia. Seu Lenilton olha o tamanho da lista no caderno das queixas.

O caso pedia urgência. As crianças são miúdas, as ronchas e as feridas atestavam abuso. "Você tem alguém para cuidar delas ou elas irão para abrigo?", arriscou nome de lugar maldito. "Minha mãe ficará com elas", a resposta teve dureza de gente infeliz. Seu Lenilton iniciou a lista de tarefas: mudança de guarda, notificação ao Conselho Tutelar, Maria da Penha em vários, quando se deu conta de que Dayana recebia o auxílio-reclusão. "Quem é o beneficiário do seu cartão?", "O meu sogro, seu Lenilton, por isso eles quiseram as crianças", as lágrimas eram de raiva. A voz foi perdendo o tom de desabafo para se transformar em lamúria.

A guarda das crianças não foi pedido de Dayana, mas arquitetura do fora. Um oficial de Justiça apareceu em dia de visita com pedido do sogro para a posse de Luísa e João. A história é raridade, seu Lenilton desconhece famílias disputando criança de presa. Os dinheiros movimentavam a arenga. Só tem posse do cartão do benefício quem abrigar o espólio vivo, as crianças. Os dois lados da família mendigam troco, a economia doméstica ruiu com a prisão do chefe do tráfico. Dayana não conta seu lugar na contabilidade, se é que tinha algum. Ela não quer falar de passado, a tormenta é do instante. Presa, não pode fazer nada para expulsar a raiva, a não ser acreditar no Conselho Tutelar e na Delegacia da Mulher. Ou melhor, em seu Lenilton.

RESSALVA

Presídio não tem detector de mentiras, mas estou convencida da inutilidade. Comida melhorada é mais importante que qualquer tecnologia de verdade. Até mesmo porque os ouvidos daquele lugar estão bem treinados para olhos, gestos e palavras. Rute foi reprovada no teste de verdade, não sei se pelas escutas ou vistas do jaleco branco. A primeira reprovação foi de seu Lenilton. Bastou a mulher sair do gabinete, "Está mentindo", sentenciou. Como foi a primeira reprovação a que assisti, resolvi acompanhá-la. Jaleco branco foi unânime, Rute mente. Por que mente não sabem, arriscam embromação pelo trabalho.

A moça é pálida, quase sem sangue, cabelo escovado e pesado, olhos inchados. Minha primeira vista foi de mulher pacata mas raivosa, o cenho fazia marola na testa larga. Não havia catatau, seu caso era urgente, daqueles que o fora determina rotina no dentro. Uma mensagem eletrônica do Departamento Penitenciário alcançou a diretora do presídio, "Rute, presa do regime semiaberto com benefício do trabalho, precisa de atendimento em saúde. De acordo com relatos, a presa anda escutando vozes, falando coisas sem nexo. Gostaríamos de pedir, considerando a urgência, que a mesma seja atendida, de forma a não prejudicar seu trabalho". Era o chefe dos coletes pretos ordenando investigação. A mulher era a primeira do dia, desceu sozinha do pátio para o Núcleo de Saúde.

Rute desconhecia ordem do fora. Seu Lenilton a recebeu de modo casual, "Como está?", "Muito mal. Quero ser internada", determinou. O homem descansou a caneta, "O que você tem?", "Um nódulo no seio. Eu preciso de outros exames". A caneta ainda distante do caderno das queixas não registrou resposta. Seu Lenilton insistiu, "É isso que a incomoda ou outra coisa?". Rute não recuou, dois minutos de encontro, a batalha só começava. "Sim. Quero ver o que está acontecendo comigo", apalpava o seio direito enquanto se lamuriava. Não abria a boca para falar, a voz era mais gemido que letra. Sem firula, seu Lenilton se fez de colete preto, "Você está usando drogas?". A mulher ignorou verdadeiro colete preto na porta, "Sim, na rua".

Seu Lenilton amparou-se em dra. Paloma, Rute não necessitava de assistente social. A médica se lembrava dela, desfilou feitos do prontuário: exames, punções e alta. Não havia razão para queixumes, não há isso de câncer escondido, palavrório é denguice. De grelados, os olhos giraram, a bola anunciava salto. Rute ignorou seu Lenilton e dra. Paloma. Por si mesma, decretou fim da consulta, "Acabou, posso ir?".

O homem, já de posse da caneta descansada e engolindo bocejos, nem levantou os olhos, “Não, d. Jamila a espera”. As algemas anunciaram movimento, seu Lenilton ainda de olhos baixos murmurou, “Há algo mais que você queira me contar?”. Recebeu resmungo cavernoso como resposta, a mulher se foi para o gabinete vizinho, e eu atrás da escolta.

Rute antecipou-se a d. Jamila, “Vivo um problema psiquiátrico muito forte”, acoitou-se em outra dor. A cara trancada e o busto ereto a deixavam mais comprida, os cabelos desalinhavam-se. D. Jamila foi lacônica, “Me fale”, “Já tive começo de esquizofrenia. Tomei medicamentos. Tive recaída na semana passada. Usei maconha. Já ouvi vozes”, disse sem erros de sintomas ou diagnósticos. D. Jamila esperou uns longos segundos. Como o silêncio se fez regra, “E o trabalho, como está?” foi novo assunto. Admito que tenho dúvidas sobre terapias e cuidados, mas meu caderno registrava câncer, droga e doidice.

A pergunta era ardilosa e Rute escorregou, “Vou porque preciso, mas odeio aquele lugar”. A mulher foi perdendo o tom de desabafo e a voz crescia, “Eu preciso me internar. E ver o que o médico faz por mim. Preciso de ressalva para sair do trabalho para o hospital”. Ressalva. É palavra mágica para presa que reclama exclusividade de trato. D. Jamila media palavras com certa repulsa nos gestos, “Vamos nos ver novamente” ou “Vou marcar o psiquiatra para você”, é o que tenho registrado como fim de conversa. A mulher se foi. A história se fechava, mas aí os três de jaleco branco mediam a mentira. A verdade é que Rute deve ter arrumado confusão no trabalho, mas não queria perder o benefício. A saída seria arrumar ressalva por doença, droga ou loucura, tanto faz. Não funcionou. A mulher vai ter de trabalhar ou voltar com outra história. Mas aí não será a saúde, mas a disciplina quem testará a verdade.

BACULEJO

A notícia chegou com ares de cotidiano, "Foi encontrado um vibrador no Seguro". O rabo de olho do colete preto não deixava dúvidas de que vibrador não era modo de falar do presídio, pois sobre o tema fora e dentro se entendiam. Pedi licença para ser apresentada ao objeto, "Impossível, foi incinerado, podre", justificou-me colete preto chefe da Operação Vibrador. Foi Valéria quem idealizou e manuseou o escasso bem de presídio feminino. Segundo testemunhos, o instrumento era uma contravenção de vibrador, nem mesmo pênis ou seu substituto tecnológico. A verdade é que em mundo de privações se reinventa até mesmo o prazer.

Conheci Valéria uma semana antes do episódio do vibrador. É uma bicuda de trejeitos, os braços são taludos, o cabelo rente, à escovinha, vive molhado com brilhantina vagabunda. O catatau pedia conversa com d. Jamila, falava de saudades do fora e desconfortos variados, em viva voz resumiu, "Estou desbandonada, comadre". O desbandonamento da vez era que não dormia à noite, só de dia, e ser vigia noturna é arrumar confusão na cela. A vida de coruja tinha explicação, o coração saltava por uma vizinha. Valéria declarou amores no pátio, com música cantada e suspiro de eternidade, mas queria mesmo era casamento de papel. Seu Lenilton prometeu cartório, mas isso já tem mês.

O desbandonamento final foi no dia seguinte. Valéria se engraçou para outra que não a noiva, houve rixa e nenhum acordo. A noiva descontente ameaçou pancadaria noturna; por segurança, colete preto despachou Valéria para o Seguro. O lugar estava movimentado, as privações eram comuns. A noiva arrependida mandou recado de perdão e promessa de casamento sem cartório. A bicuda se encheu de felicidades, iniciou festejos ali mesmo. Doze presas se escondiam na toca, jantar servido, alumínios de xepa em abundância. Valéria é conhecida pelos talentos, trabalhou em oficina de lacinhos para cachorros no presídio. Do lacinho para o falo foi simples: esculpiu os alumínios da xepa, vestiu a peça com retalho do uniforme. Até onde se tem notícia, foi o primeiro pênis de alumínio com cobertura laranja legendado "Penitenciária". Ao final, antes de despertar a pasmaceira, lembrou-se dos conselhos de dra. Paloma sobre as doenças do mundo. O difícil foi a carestia de camisinha: uma para doze mulheres.

Valéria posicionou o pênis com legenda da prisão e organizou fila. A bicuda era tipo sem melindres, com voz afirmativa rememorava noite de festejos, e mímica era mais eficiente que palavrório. Detalhou por que rejeitou uma das seguradas, "Ela era xexelenta, comadre". E eu me desdobrava entre captar os gestos, anotar a história e antecipar as reações de d. Jamila. A psicóloga não se alterava, era um busto ereto com cabeça imóvel, ouvia como se fossem queixas desbandonadas de sono ou abstinência. Nem a caneta movia, não sei se por pudor ou descrença dos poderes da psicologia para orgia em cadeia, d. Jamila não registrava texto em prontuário. Eu queria interromper o diálogo, precisava saber o sentido de xexelenta para festança coletiva. Mas, como sempre, silenciei.

A contravenção de pênis foi descoberta em um baculejo no Seguro. A queixa veio da vizinhança, a Ala D não dormia com o cortiço assanhado. Havia uma presa triste no Seguro, certamente a xexelenta. Mas não houve cabritagem, a necessidade era compartilhada pela dúzia em castidade. O colete preto avistou o objeto proibido assim que abriu o portão amarelo do Seguro e, no que imagino tenha sido um tom feroz, gritou, "O que vocês faziam com isso?", "É para contar? Conto em detalhes", Valéria reproduziu posições do Kama Sutra como agora fazia para d. Jamila. A apreensão do instrumento proibido foi feita pela equipe da disciplina, e decidiu-se pelo não arquivamento da prova.

D. Jamila não interrompia texto alheio, ouvia como se fosse surto ou intensa dor. Depois do que me pareceu excesso de privacidade coletiva detalhada, d. Jamila assumiu jaleco branco, "E o que eu posso fazer por você?", "Como comadre sabe, eu nunca fui a um ginecologista, mas, depois que usei o creme de depilação para o noivado, não deu muito certo, daria para a senhora falar com a médica? Preciso de uma pomada". O problema se mantinha nas partes baixas, mas era mais prosaico que a orgia a Baco. Valéria já é lenda na casa, a presa que iniciou despedida de solteira no Seguro do presídio.

MENINO-REI

"Ele parte, eu parto." A sentença da liberdade não foi do dr. Juiz, mas de quem carrega desgraça como futuro. Rita Roberta é mulher forte e determinada. De sangue migrante, estudou medicina na fronteira, mas se preparava para ser engenheira. Ninguém a desconhece, pois é mãe do menino Arthur, o rei do presídio. Chegou por ali há um ano e meio, e tudo que fez foi esperar o dia em que o júri diria se é matadora cruel ou matadora no direito. Em confronto de terra, ela e o marido atropelaram um vizinho. Arthur ainda não vivia, esperava nascimento na cadeia.

O menino é sorridente. Como todos os nascidos em presídio, estranha homem e não se oferece a mulher de preto. É o mais adulto dos bebês da Ala A, há onze meses tem uma banheira de plástico como berço. A mãe é líder e cabrita do território. Mulher de confiança de colete preto, já teve de viver sob proteção para melhor aprender as regras da casa. Chegou com a altivez de quem não é gente da rua. A pele tem cor de lua fraca, os olhos parados e sem brilho anunciam elegância condenada a sumir em breve. Rita Roberta é mulher grande, o corpo parece cortado a facão. Não soube história de ter usado o muque, mas tem porte pedante para caso de precisão. A mulher é chamada pelo duplo nome, e seu poder cresceu pela doçura de Arthur.

Arthur só sorriu para o pai uma única vez, passeou no Bonde do Amor que se move entre presídios. No último dezembro, saíram dois ônibus apinhados de mulheres e crianças à Papuda, o presídio masculino da capital. O amor foi pudico, sem gemidos, mas Rita Roberta não se esquece do que recorda pelas longas cartas do marido. Na semana antes do júri, a mulher recebeu dezenas delas. A regra de duas cartas por semana foi confortada, e a inteligência do presídio entregou novas e antigas. A segunda vez que o pai verá Arthur será no júri. O advogado de Rita Roberta levará o menino medroso para o julgamento, "A sentença pode destruir uma família", exibirá a criança como tese.

Rita Roberta fez planos para o dia. O mais importante, ela escreveu para não esquecer. Escondeu a carta, mas entre grades qualquer segredo escapa. Luana é vizinha de jega, decorou texto e o cabritou a d. Jamila, "Ela vai se matar, disse até como". As letras não eram embromação, pesavam no papel a alma seca de quem as escreveu: a sentença da forca viria depois da sentença da lei. D. Jamila não se alterou, mas teve pressa. Convocou ao gabinete a suicida antecipada, só não mencionou carta. Nem precisou destampar segredo, Rita Roberta se confessou e detalhou planos. O lamento chegou duro, era arrastado e nasal. Sem lágrimas, a mulher não afinou voz para tratar da morte. A pasta azul do prontuário resumiu futuro, "Ideações suicidas".

Se for condenada por matança cruel, terá longa vida no presídio. O menino será guardado no fora por outra mãe. Uma das tarefas ingratas dos seguradores de bebês é mostrar que nem esse poder eles têm: aos seis meses, todo bebê se vai do presídio. Arthur já amadureceu mais do que devia entre grades e fumos. Rita Roberta tem filhas, guardadas por uma avó que não pode receber o menino-rei. A cada semana aparece e some nova parente, daquelas do perto e do longe. Todas se encantam com a timidez, mas se vão sem o menino. D. Jamila decretou: o júri será o limite. Rita Roberta reviu a sentença e, com a sisudez de coração grosso, não se acanhou, "Sim, será para ele e para mim".

Arthur dormia na banheira rente ao chão. O sonho o protegia da tragédia de orfandade anunciada pela mãe. Se há razão no pensamento, ela saía da boca daquela mulher, "Mãe ele não terá de qualquer jeito se eu for sentenciada". A morte não é escolha, mas desfecho. O colete preto coçou os olhos, eu guardei o caderno, o jaleco branco pediu para vê-la todos os dias. No dia do júri, d. Jamila madrugou na prisão e seu espanto foram os cacarecos do menino-rei amontados na porta da Ala A. Fazendo perguntas miúdas, descobriu a novidade. Arthur partiria com Rita Roberta, mas não só para o hoje. O advogado apareceu com uma madrasta-avó da criança, e o dr. Juiz não hesitou: o menino perdeu o trono.

O lugar era triste. Não houve alvoroço de despedida, o menino-rei se foi com pressa, d. Jamila o segurava nos braços enquanto o enxoval era desfeito. Em dois dias, Rita Roberta saberá sua sentença, mas a de Arthur já foi anunciada. O futuro do filho não será mais o seu castigo. A madrasta-avó era discreta, talvez não se imagine como quem guardará o rei para sempre. D. Jamila suspeita que a parenta é parte de uma esperança antecipada da família: o menino não será um órfão de mãe no presídio.

RECORDISTA

Há recordista para tudo na cadeia. Quem há mais tempo vive em clausura, quem mais dorme na solidão do barraco ou quem mais frequenta o Corró do jaleco branco. Viviane com sobrenome árabe é uma das que o arquivo registra passagens medonhas pelo presídio, dezessete vezes. A mulher é alta e de nariz marcado, com prosódia diferente da gente do crack. De quando em quando, vai e volta. Chora e comemora quando atravessa, mas volta em festa. É como se tivesse ido dar uma volta no fora sem ambições de permanência. Ela é mais conhecida pelo negócio que pelos retornos: mercadejava os bebês que o contrassenso da criação fazia nascer entre grades. Seu Lenilton e d. Jamila não são investigadores, mas desmantelaram o comércio das barrigas de Viviane.

Recém-nascida, foi repudiada em uma calçada, conheceu família por um pai adotivo. Uma nova orfandade veio cedo, ainda criança o pai morreu, a mãe, nunca conheceu, verdadeira ou postiça. Sobraram-lhe irmãs sem sangue, todas desgostosas de sua presença barulhenta. Adolescente, iniciou-

-se em furtos e perambulações, as irmãs eram negociantes na capital federal e olhavam de longe os malfeitos de Viviane. Não sei de onde veio a inspiração para o negócio das barrigas, se da calçada ou do balcão das irmãs. Cada gravidez lhe renderia 100 reais por semana, e a entrega final são cifras desconhecidas, mas era pouco, diz d. Jamila, "Algo em torno de 500 reais". As contas seriam um bebê a cada nove meses por 100 reais a semana, 3.600 reais; mais seis meses de amamentação, 2.400 reais; e quitação final, 500 reais. Um bebê por 6.500 reais. Nada mal para quem só pode circular o troco de até 125 reais por semana no presídio.

Viviane perpetuava a espécie sem providência, mas precisava burlar os olhos das múltiplas vigilâncias do presídio para o sucesso do negócio. Não são apenas os seguradores de bebês que mantêm os olhos abertos para o que se passa entre úteros e fraldas. O colete preto busca detalhes onde ninguém vê, esquece os óculos escuros e usa lupa de detetive. As crianças são um bem coletivo a ser protegido. E mais atentas que o jaleco branco e o colete preto estão as mulheres de laranja: a regra da delação com surra não vale para maus-tratos ou malfeitos com as crianças do presídio. As fofoqueiras não são cabritas; é dever contar o que se passa. No caso de Viviane nem precisou de muita inteligência, a repetição da história se denunciou. As crianças não eram adotadas, levavam sumiço. Dois filhos já haviam rendido dinheiros para sobrevivência.

A mulher não recebia visitas. A exceção era um casal que se apresentava como avós de quem crescia no útero. O casal era amigo-vizinho-conhecido de outra presa, Luana, filha de d. Chica. Não havia razões para a conexão Viviane, casal,

Luana e d. Chica. Viviane já havia esquecido filhos em abrigos. E abrigo não era inferno para ela, começou a ser depois que o casal passou a visitá-la. De desleixada, apresentou-se outra: queria que o casal-avós tivesse a guarda de cuidado. Seu Lenilton adora quando avós assumem a entrega das crianças; qualquer dos avós, mas ali havia algo diferente. Insistiu em ideia teimosa: antes de entregar a guarda era preciso que o filho dos avós, o pai de quem crescia no útero, registrasse o recém-nascido. Foi aí que o negócio começou a falir.

Os avós de mentira não sabiam o nome ou o paradeiro de quem se apresentava como filho. A cada insistência de seu Lenilton pelo sobrenome do homem, as visitas dos avós rarefeitavam. Mas a gabolice descarada de Viviane não se intimidava. Foi preciso um gesto repressor dos seguradores de bebês: sem o registro do pai, a criança não sairia do presídio. Nesse momento, a criança já tinha três meses de nascimento. Os compradores desapareceram, Viviane se desesperou e repetiu gesto passado: entregou o novo filho ao abrigo. Espera agora a décima oitava saída e diz que seu primeiro plano é cuidar da saúde. Uma laqueadura.

BUCHA

Ela foi a que mais conversas acompanhei no presídio. O texto nem sempre entendi, um misto de riso, choro ou reclame. Fátima se apresentava como traficante, mas estava ali por homicídio, matou criança desconhecida em tarde de surto. Do crime faz segredo, não fala nem mesmo quando em delírio. É esquizofrênica para a pasta azul da saúde, mas dr. Juiz resiste oferecer medida de segurança, a faz viver na massa. A mulher prevenida recusa branquinhos e amarelinhos, sabe que uma vez neles corre o risco de mudar de território: antes na massa que na Ala de Tratamento Psiquiátrico, o corredor temido do presídio da capital do país. Acompanhei horas de maluqueira nos gabinetes de todos os jalecos brancos, mas trapalhada mesmo ela arrumava para o juízo de seu Lenilton.

Da última vez que a vi, chegou com o rosto lenhado, "Fiz porque meu filho não me visita, ninguém fala comigo, as meninas me chamam de cobra, preciso de dinheiro". Fátima era magra quase partida, a cor amarela de barro seco, os olhos, dois pires com a bola virada. Seu Lenilton estava confuso com as unhas pelo rosto, o choro em cachoeira e os pedidos desordenados. O bafo azedo empestava a sala. Tentou arrumar o que ouvia, mas desatino não é lá suas especialidades. Olhou firme, trancou os lábios como boas-vindas e quis entender a urgência, "Eu quero um espelho, preciso de visita especial, vivo sem dinheiro, seu Menino sabe como é viver neste inferno? Não quero mais saber de mulher, quero que o pai do meu filho me visite. As pessoas têm o direito de não me visitar?". Não sei se seu Lenilton desgostou do vocativo ou da arenga, só sei que pausou definitivamente a caneta. O homem ensaiou sorriso nervoso e soltou a frase de sempre, "Não estou entendendo, vamos por partes". Depois de meses ao seu lado, não sei dizer se o homem não entende mesmo ou se é estratégia para recomeçar o que lhe sai dos trilhos. Nada de queixas anotadas, queria entender a maluqueira aguda de Fátima – espelho, visita, dinheiro, namorada, ex-marido ou filho.

A mulher esbaforiu-se com o desentendimento, "O que seu Menino não entende? Está igual o psiquiatra que parece ser leso ou ter medo de gente. Vou explicar. Quero dinheiro para a bucha, não tenho dinheiro para creme de cabelo, sabonete. Sem nada há seis meses", gritou. Bem, a lista facilitou a vida de seu Lenilton, um tipo concreto para as queixas da saúde, "Você não tem recebido o kit de higiene do presídio? Você sabe que não pode usar bucha". Imaginei bucha de banho, só não entendi a precisão para quem tem o boi como chuveiro e fossa. Mas a resposta foi também concreta, "Quero dinheiro. Tenho vontade de comer pizza ou Coca-Cola e não tenho dinheiro. Seu Menino entende que sou surtada? Preciso de bucha". Seu Lenilton não fugiu do duelo, "Isso eu entendo, mas quero saber o que você quer: visita especial, bucha ou dinheiro? Você quer mesmo ver o seu filho?". Na cantilena ganharia o mais insistente, não importa em qual lógica mental, e eu sofria por não entender a bucha no boi.

Fátima tem filho no fora, vive com alguém que seu Lenilton desconhece. O pai foi companheiro de CAJE, o reformatório implodido, mas anda em condicional e ignora a criança. O pedido de visita especial tocou seu Lenilton, ele também queria saber como sobrevivia o filho nascido no presídio. Só não sabia para quem ligar ou pedir visita, Fátima é esquecida pelo fora. As bochechas esfoladas deviam arder apesar do sangue ralo, a cena era piedosa. "Eu quero visita de meu filho, seu Menino, e três calcinhas, vivo sem nenhuma", "Sem nenhuma?", caiu o homem experiente no golpe inesperado. "Certo, para quem devo ligar para pedir a visita de seu filho?", arrumou-se já de posse da caneta para registro dos pedidos.

"Para o pai de meu filho", interrompeu o queixume. Seu Lenilton atazanou-se, Fátima sabia que o homem a ignorava, e que o contato inexistia. Além disso, a criança não vivia com o pai, o atalho não chegaria na visita especial, mas na teimosa obsessão pelo passado. "Você sabe que não temos como falar com ele. Para quem mais podemos ligar?", perguntou sem levantar a cara endurecida. Tive vontade de tocar no couro da mulher, de longe vi o pelo eriçado. Os olhos agigantaram-se, e com o sobrecenho carregado levantou-se. Seu Lenilton era inútil para a maluqueira da vez. Se não fosse para chegar até o pai do filho, queria conversa com d. Jamila, "Estou premeditando surto", e se foi, arisca. Longe do gabinete, não me contive e arrisquei baixinho, “E a bucha?”. A resposta de um colete preto cujo corpo desconheço veio em forma de grito, “É cocaína com medicação, ela vai ver se tem na farmácia do Isolamento”.

PROBLEMA

Aquele era um catatau diferente. Não pedia, informava; não negociava, desistia. Abdicava da sobrevivência. O papel era miúdo, amassado pelo suor do corpo. Ele tinha de caber entre os dedos para escapulir do pátio por um encontro de dedos escondidos, como na brincadeira do anel. As mãos que o receberam não foram as do colete preto coletador de catatau, mas de um jaleco branco anônimo. Conheci o lamento na mesa de d. Jamila, "Meu nome é Adriana, recebo remédio mensal por causa de meu Problema, mas eu não consigo tomar e jogo tudo fora. Quero assinar o termo para não receber mais. Sou da Ala B". Estava assim do jeito que repito, problema com o maiúsculo da dor.

Ela é Adriana, da Ala B, nome e geografia no presídio. Saiu do Corró com modos diferentes, parecia ter uma banda do corpo já morta. Os ombros eram caídos, a cabeleira cheia e anelada cobria o rosto. Era muito jovem, quase de idade indecente para presídio. De algemas para frente, roía as unhas. O anúncio veio em tom de cochicho, o rosto brilhava de suor e lágrimas, "Os remédios não passam por minha garganta", dando topografia ao que doía na alma. Não há isso de remédio salvador, os potes eram embrulho fúnebre na cela. Queria devolvê-los, não tomaria nenhum, não importava o que tinha dito o teste da chegada. D. Jamila só escutava, falava mais baixo que o usual, até o corpo diminuiu. A escolta afastou-se, não tirou os olhos do gabinete, só pediu licença aos ouvidos. Anotei sem descer os olhos para o papel, concentrei-me na voz com lágrimas.

"O que é mais difícil nos remédios?", perguntou d. Jamila. Esperei efeitos colaterais, dores ou gorduras. A resposta foi ser doente na prisão, não apenas a doença no corpo, "As pessoas verem", disse como se explicasse o óbvio. A doença maldita era inconfessável. A vida não é fácil, as histórias eram de arrepiar os cabelos. Vive na Ala B, o gueto das doentes, velhas e dependentes, e mesmo ali as mulheres são diferentes entre si. Só algumas sofrem de moléstia medonha para a multidão. Água sanitária é permitida e seu uso não se restringe ao boi, mas ao território da vida. Adriana lembra-se de uma presa idosa que recusava aproximação e higienizava seus movimentos na cela. A comida vem em dobro e melhorada, mas as taludas não a repartem em igualdade. Impedida de lavar a roupa em espaço comum, Adriana é "aidética" para as maneiras de falar do presídio. Intocável, miúda e medrosa, ela tem vergonha do corpo. Os potes de remédios escancaram o segredo do corpo doente.

D. Jamila ouviu a dor e ofereceu solução ao escondido: entregar diariamente os remédios, retirar-lhe os potes. Transformá-la em CV do Núcleo de Saúde: paciente com vigilância.

Adriana CV não teria farmácia particular, uma propriedade cobiçada pela massa se os remédios não fossem para uma dor tão exclusiva e rejeitada quanto a HIV. Todos os dias, jaleco branco se estica entre as grades para distribuir os saquinhos transparentes com pílulas salvadoras. Ali estão as doses de futuro distribuídas pelo presídio. Os remédios não têm nomes ou origens, comprimidos soltos, porém com destino certo. No saquinho transparente, Adriana poderia nomear suas dores de modo diferente da medicina, d. Jamila sugeriu, "Que tal dizer que são remédios para dormir?".

Adriana fechou os olhos, não durou muito o alheamento. O calado era forma de concordância. Mas a conversa não acabou. D. Jamila avançou para o que parecia ser insuportável àquelas mãos inquietas, "E seu filho, ele tem feito o exame?". "Ele está com a avó. Mas ninguém de minha família sabe, por favor; eu acho que ele já fez o exame", a voz era de quem velava o filho pelo segredo. D. Jamila quis saber mais sobre a avó. Adriana foi casada, o marido morreu, fez questão de esclarecer, "Morte matada". O atual marido está no presídio, ela acha que ele já fez o teste e está limpo do problema. Adriana não sabe, mas as pastas azuis da saúde já se comunicaram entre os presídios e, de fato, o marido preso não tem doença. Como nunca reclamaram o Bonde do Amor, não há por que violar o segredo. Mas o filho já nasceu do corpo diferente, é preciso vigilância. Para isso, a avó deve saber o que se investiga na criança. Adriana recusa e tem suas razões. Queria que o menino tivesse uma vida mais dele e não de herança maldita. Ser filho de mãe presa e com HIV. Esse é o Problema.

ESTRANGEIRA

Doía ouvir. Talvez ainda mais escutar sem entender. Ela é das poucas estrangeiras na casa, o sobrenome é de pintor espanhol das meninas. Juanita é também miúda, longos e cheios cabelos pretos, os olhos verdes rasgados, fundos de sofrimento. Entrou no gabinete de dra. Paloma e nos entendeu, "Ela é linda, não é?", sussurrou a médica em boas-vindas. Sim, ela é linda, não tive dúvidas, a fisionomia era doce. No dentro e no fora ela seria uma mulher linda. A beleza é incômodo de realidade daquele corpo naquele lugar. O ouvido inflamava, mas ela parecia cansada de falar e não ser entendida. Espanhol é língua estranha para quem só precisa da maneira de falar do presídio.

Juanita veio em busca de negócio fácil. A Copa do Mundo era convite próspero e o grupo era variado, todos colombianos, uns poucos parentes. A matulagem era especializada em agiotagem contra pequenos comerciantes: emprestava dinheiros e cobrava juros medonhos. Chegou ao país e movia-

-se por diferentes cidades, muitas escondidas pelo mapa. Se descobertos, migravam novamente, a perdição foi a chegada à capital federal. A Operação Gota a Gota deu nome à prisão dos dezoito compatriotas. O crime de Juanita esquecia beleza, a mulher era exploradora de pobres. Ou, nos termos da lei, criminosa da economia popular.

O negócio foi notícia nos jornais. A cada 10 mil reais, seiscentos de juros diários. Os clientes eram pequenos negociantes da periferia, feirantes, cabeleireiras ou donos de oficina. Ameaça ou pancada eram os métodos de cobrança. O mais importante noticiário da capital filmou prisão do bando: muitos homens e Juanita, a menina de rosto escondido entre os longos cabelos. O equipamento do bando eram motocicletas com alto-falante, o grupo profissionalizou-se na oferta de socorro financeiro. Um folheto descrevia o produto, "Para grandes problemas, soluções imediatas"; assim mesmo, em português claro e correto.

Chegou ao Núcleo de Saúde contorcendo-se, pouco conseguia dormir ou entender outra língua. Acanhada, expressava-se como podia, "Tem baratinha no meu ouvido". Pensei ter entendido mal, o assunto ainda era novidade nas queixas anotadas. O presídio tem abundância de animais, mas de espécies diferentes: uns são gente; outros, insetos. As baratas disputam crescimento populacional com as presas, incontáveis nascem das grades, escondem-se nas roupas, passeiam pelo corpo. À noite, fazem festa sem medo de corretivo. Os bichos miúdos acomodam-se no couro e nas roupas, mas gostam mesmo dos buracos. Queixa comum de presa é falta de algodão no kit de higiene: uso em presídio é novidade para o fora, serve para tapar nariz e ouvido para barata intrusa não se entocar. Dra. Paloma acalmou Juanita, nada de bicho, só uma inflamação, mas a mulher é medrosa, rejeitava injeção.

Saiu do gabinete da médica direto para o de d. Jamila, as estrangeiras em geral pausam ali. Com fala dormente, se apresentou novamente, agora não mais pelo ouvido, mas pelo passado. Disse ser filha única de pais que ficaram longe, vieram vê-la uma única vez, telefonemas a cada quinze dias. Explicou que a saudade ia sumindo, ficava um pensar na vida que não tinha fim. Estava sendo difícil viver, aprender os modos do presídio custava muito. Não recebia cartas, nem escrevia. Passava o tempo olhando jega de telhado no beliche. Não conseguia ler senão sua língua. Ela é estrangeira, não tanto pelas palavras, mas pela solidão. A verdadeira estrangeira é aquela que nunca recebe visita, Juanita é uma delas.

Não dormia na praia, mas de valete. As costas doíam, estranhava a comida, o ouvido não tinha descanso. Contou ter desmagrecido desde a chegada, uma careta manhosa descrevia corpo diferente, "Perdi oito ou dez quilos, sou outra pessoa, não tenho dinheiro para melhorar a comida". Ao menos sobre comida, Juanita mostrou que aprendeu modos de falar do presídio. Não detalhei as formas da mulher, mas dez quilos me pareciam muito para os três meses de vida na casa. Talvez um erro de arte, quem sabe a colombiana não era a original da linhagem espanhola, mas a rotunda recriada por seu conterrâneo no singular e com volume.

BRUXISMO

A história de Ivanilde se contará duas vezes. Na primeira, a mulher quilombola se preparava para atravessar. Vive há três anos no presídio, não sei por qual descaminho. Sobreviveu à abstinência do crack morando dois meses no Parlatório. Só assim não aumentou artigo, nem caiu na tentação das drogas. Já há dois anos e quatro meses está no "Puxado das drogas". Como pastinha do refeitório das presas, Ivanilde organiza filas, trabalha para a remição da pena e ajeita as ideias para mudar o regime da prisão. Chegou ofício do dr. Juiz que a autoriza a trabalhar no fora, mas é preciso um parecer da psicóloga. Um laudo deve atestar o fim da dependência e o sono sem socorro do nervosinho. A queixa do dia é o sorriso: Ivanilde quer arrumar os dentes antes de atravessar. Ela tem um mês e quatro dias para se aprumar.

Bruxismo é mal que atormenta crackeira. E crackeira em abstinência. Sim, crackeira é sempre crackeira. Os dentes de Ivanilde são carcomidos pela droga e pelo ranger sem pausa. Os dedos pretos de cigarro são quase sem unhas e não interrompem movimento. É mulher jovem, de pele preta manchada de negro, as gengivas são desabitadas. Com voz áspera e timbre rancoroso, anuncia, "Os dentes de trás, não tenho mais nenhum, só esse resto aqui na frente". Os olhos têm a vergonha de quem reconhece gravidade no texto. A rudeza está na voz e na pose, não amolece nem quando pede socorro. Seu Lenilton explica o que é bruxismo, mas Ivanilde o interrompe: "Não é nada disso, é secura. O único jeito é eu arrancar tudo. Quero uma prótese antes de sair."

Seu Lenilton escreve o pedido no prontuário, mas lembra que é preciso coragem para a troca de dentes. Muda o assunto e passa a falar da mãe. D. Ivani é uma mulher livre de alfabeto, nunca visitou a filha, mas recebeu muitas cartas da prisão. Ivanilde não sabe se elas foram lidas, talvez só pelos coletes da inteligência do presídio, "No início eu tive agonia, mas já passou". Mentira, Ivanilde se importa grande, nada passou: quer limpar a ferida do crack arrancando os dentes antes de ver a mãe no fora. Sabe que a mãe não pode escrever, mas queria saber se alguém leu as cartas de perdão. Isso ela esperava descobrir em breve, mas o atravessamento foi desviado. Ivanilde foi impedida de sair.

Ivanilde voltou ao gabinete de seu Lenilton para a história que ainda não terminou. Os dentes não apareceram, e só conheci tristeza no que seria sorriso. Um bafo quente saía daquela boca miserável, a mulher não atravessou. Arrumou mudança que cabia num abraço pequeno, despediu-se das colegas e foi viver na ala das que atravessam. Na véspera da saída, não dormia, a Ala E é vizinha da rua. Madrugou, mas não foi. A inteligência do presídio descobriu que Ivanilde era procurada desde o tempo do Goiás, quando ainda vivia na terra da resistência. É acusada de 155, "Furto de cigarro", diz ela. Sem defesa, a prisão foi decretada. Ivanilde engolia o passado, não falava mais em dentes, suplicava o presente, "Consiga uma visita, seu Lenilton, eu preciso ver alguém". A única visita que recebeu no presídio foi da filha. Veio em missão fúnebre, informar que a irmã havia morrido. Depois do luto, nunca mais viu rosto conhecido do fora.

CRAQUE

A Penitenciária Feminina do Distrito Federal não tem chão para bater bola. O pátio de cimento branco é para esticar as pernas ao sol, nada de trave ou treino. Brenda reclama a falta do futebol, inveja o presídio masculino. Mas ninguém a conhece pelo nome, Miau é o apelido certo, e dra. Paloma me garantiu ser do tempo do futebol. A mulher é do time das bicudas da casa e conta histórias fantásticas de suas proezas no campo, com nomes de clubes e partidas em que teria sido artilheira. Procurou seu Lenilton para o benefício das presas trabalhadoras pelo tempo de jogadora profissional. "O pedido não vingou pela falta da carteira de trabalho", foi o resumo da história. A bola de Miau era um acalento para dra. Paloma: a mulher é conhecida como aquela que "Matou por um tênis".

Miau é doente do pé. A perna é bamba, e o joelho, fraco. Foi assim que o futebol saiu da rua e entrou no presídio. Miau lembrava as coisas do passado pelo esqueleto desarrumado – as histórias pareciam de ontem, mas eram do nunca. Os laudos médicos documentavam reputação, "Paciente esportista no passado, jogadora de futebol, com lesão em articulação do joelho evolui com atrofia muscular e rigidez articular, incapacita deambulação". A pasta azul da saúde é volumosa, há cinco anos Miau vive na casa: fisioterapia, dores e muletas compõem as queixas e soluções. O futebol era lembrança boa, fazia esquecer o tiro maldito. Pena que era fantasia.

Rosa é amiga e companheira de cela. Dra. Paloma as tinha como dupla do futebol, mas os fuxicos que correm de jega em jega contavam gemidos em par. Rosa chegou ao gabinete da médica pela cabeça que pesava, mas o pé de Miau virou assunto. Dra. Paloma não se acanhou em explicar a origem das dores, "Resultado do tempo do futebol", como quem comenta o óbvio, "Futebol? Do que a senhora está falando?", espantou-se Rosa. O jaleco branco não suspeitou do engano e desfilou o conto da atleta, "Um desperdício o tênis e o crime, poderia ter tido outra vida", a voz era de padre em sermão, a diferença estava na bênção: analgésicos para a enxaqueca, e não perdão pelos pecados.

Dra. Paloma é conhecida pela mansidão, mas é jaleco respeitado no presídio. Médica é um bem raro, ainda mais lotada na casa. Rosa riu, não por deboche, a verdade é que riu muito de um riso feliz. Colete preto não se mexeu na porta, desinteressou-se da graça. Dra. Paloma riu por presença, mas entendeu que algo impróprio havia na chuteira. "Futebol? Que bola a senhora imaginou? Era droga! Nosso campo era a esquina do crack." Nunca houve campo de futebol, menos ainda carreira no esporte. As duas bicudas eram fugitivas da casa, sobreviventes da rua. O corpo de Miau é a marca de uma bicuda no mundo da droga.

"Os bichos diziam: vocês não são homens? Pois vão apanhar como homem", e assim se foi o conto da bola. Dra. Paloma ajeitou-se, não teve outro sentimento senão compaixão pelo engano do arquivo. A médica não teve interesse em dar cabimento ao conto, pois o real no presídio é simples, "Nem tudo que presa diz é mentira, alguma coisa é verdade". Miau narrou-se com outro passado para a doutora, por que recordar crime de morte? As lesões e dores estavam lá, as radiografias atestavam a verdade das queixas. Ela é a bicuda que "Matou por um tênis", uma mulher temida e odiada na massa, mas para dra. Paloma queria ser alguém que mancava pelo futebol.

Rosa se foi do gabinete, deixou dra. Paloma sem mágoa. A médica me contava a história do longo engano, mas sem inquietar-se por ter acreditado na lenda da esportista. A sobrevivência exige um jogo permanente sobre a verdade. É preciso confessar o que se sente, mas há dignidades para a verdade. Miau não quer ser a mulher que "Matou por um tênis" para quem cuida de suas dores. Na cela, é a bicuda que cresceu na rua, vendeu crack na esquina e matou sem saber bem por quê. Mas para acalmar as dores era melhor ser a atleta do passado que a perversa das ruas.

PAMONHA

Francisca fugiu. Já havia atravessado, trabalhava como copeira em um escritório do fora, mas uma noite não voltou. Cruzei com ela no Núcleo de Disciplina. Aquele era um dia diferente no presídio, havia sido decretado procedimento geral. Em momentos assim, o silêncio de cortiço cansado é interrompido pela sirene de urgência. Não havia atendimento no Núcleo de Saúde, as escoltas se uniram para descobrir malfeitos, escondidos ou proibidos nas alas. Sem colete preto, jaleco branco não trabalha. Nunca acompanhei um procedimento geral, segredo vivido só por quem entra em cela. Os rumores do ocorrido ganham fôlego nos dias seguintes, mas sempre breves e sussurrados, como manda a exceção.

A dupla da disciplina também veste preto, mas seguiu nas tarefas de julgar comportamentos. A depender do que se passa no procedimento geral, elas podem ter trabalho dobrado nos dias seguintes. Lá estava Francisca à espera de um inquérito disciplinar. Pedi para acompanhar a conversa, "Vamos só consultar, espere um pouco", disse uma delas sem detalhar destinatário da consulta. Em presídio, "Não" é interjeição absoluta, desnecessita explicações. Acompanhei Francisca sair de boca caída, algemas para frente, guiada pelo cotovelo. Ela é uma mulher comum da multidão, negra, cabelos descuidados, corpo cansado de uma velha prematura. Andava machucando a roupa com os dedos, algo mais profundo que o castigo a atazanava. Havia resignação na caminhada ou, quem sabe, na vida.

Não questionei as regras do presídio. Nunca as confrontei enquanto estive por ali. Mas não esqueci a história daquela mulher, e ali as histórias vão e vêm. A de Francisca voltou para seu Lenilton. Um papel do dr. Juiz era o dia seguinte do inquérito que fui proibida de acompanhar. O caso era dramático para Francisca, mas simples para a dupla da investigação. A mulher era inocente, e não poderia ser diferente, a gentileza pedagógica da disciplina não anunciaria convite se houvesse risco à estabilidade do poder vigilante.

Francisca vendia pamonha na rua. Trabalhava em uma cidade fora de lugar, só "Rural", diz o arquivo. Cinco filhos, 38 anos, entrou para a economia da droga. Vendia milho com maconha. Não durou um mês no novo negócio, caiu como traficante. No tempo da pamonha, Francisca se preocupava com o futuro, fichava-se como autônoma. Isso concedeu ao ex-marido o auxílio-reclusão. A traição é que o titular da renda fugiu e abandonou os cinco filhos, cujo nome é o fim do alfabeto. Wallace é o mais velho, dezesseis anos, cuida de todos. O mais novo ainda usa fraldas.

Em um saidão, Francisca viu a casa desmantelada. Arranjou o que pôde entre vizinhas e amigas, mas não dormia com excessiva dor. A família vive "Longe, no mais norte do Norte" e ignora o descaminho da mulher. Uma noite, Francisca mudou a rota – em vez do trabalho para o presídio, fez-se de hóspede em casa. Fuga é palavra melindrosa para o feito de Francisca, "O que houve foi atraso", explicou colete preto. Ela apresentou-se tresnoitada, e desde então não estica o pescoço. Não houve corretivo nem perda do benefício do trabalho. O problema era agora de seu Lenilton.

A vida de Francisca fora da prisão pedia mais do que palavras. Seu Lenilton foi no fora rural ver o que a perturbava. Difícil geografia, a rua de terra sem numeração. Um lote coletivo, muitas famílias no mesmo chão. Mas lá estava a casa apinhada de meninos e Wallace, o administrador da sobrevivência. O relatório de seu Lenilton para o dr. Juiz não fala em crime, perigo ou pena, mas no que denuncia como "Demanda Social", cujo sentido é o de traduzir o horror em fato ordinário. Entre os pedidos estavam: prisão domiciliar, transferência da titularidade do Bolsa Família e do auxílio-reclusão, benefício do aluguel social, creche e escola para os filhos, vacina e remédios. Mas havia um pedido inusitado: as crianças de v dobrado queriam viver juntas. Francisca vai ser presa condicional em breve, angustia imaginar os filhos separados. Wallace procurou seu Lenilton na cadeia. Ele cuida dos irmãos e espera a mãe. "Eu consigo", dizia o menino.

CORDÃO

Kéren tem nome do hoje, mas sua história é antiga. Moça jovem, chegou no último bonde por crime que só mulher realiza para a lei, a matança de filho recém-nascido. Já se passaram dez anos da noite de terror, quando sozinha fez parto e acoitou a filha. O cordão que as unia não foi todo desfeito, e a sangria matou a recém-nascida e desacordou Kéren. A história é folhetinesca, mas trágica de real: filha de pai severo, fez segredo do sexo com um mundeiro. Sofre de anemia falciforme, o corpo doente acomodou os desconfortos da gravidez como sintomas da sobrevivência. A barriga foi murcha e o segredo maldito tinha a mãe como cúmplice.

Era madrugada quando as dores anunciaram o parto. Kéren trancou-se no banheiro, sozinha, pariu menina no vaso sanitário. Dela só lembra os olhos puxados de genética alheia, e que era pequenina como uma mão. O arquivo policial descreve como feto de nove meses, nada de aborto, mas infanticídio. Kéren chora quando relembra o enredo, garante que a morta não chorou ao nascer, e nada disso de filha grande, era boneca miúda. Na delegacia, o valente pai de Kéren diz ter ouvido choro na madrugada, antes do grande silêncio que foi o desmaio prolongado da filha e o socorro da mãe. No gabinete de seu Lenilton, o som é de soluço interrompido por algemas inquietas. Kéren não tem mais unhas para roer, um fiozinho de sangue escorre da carne depenicada.

Por mais de década, Kéren esperou o julgamento dos homens, pois o da natureza veio com o nascimento. "Seu Lenilton, sei que nunca mais terei outra filha, minha doença nem deixaria essa gravidez, eu só me lembro dos olhinhos puxados", o homem se emociona, talvez pense na esposa grávida ou, como eu, imagine a solidão de um parto escondido e o desmaio de quem busca esquecer o instante. Entre a madrugada do feito e a manhã do bonde, o júri popular determinou que Kéren foi homicida de filha ao nascer, o chamado infanticídio para a lei. Seis anos em regime semiaberto, dos quais já tresnoitou cinco noites em praia de cela lotada.

A história é contada para explicar a cor da pele, um amarelo só dela. "É anemia falciforme, eu preciso de meus remédios", e, enquanto seu Lenilton liga para a família do fora, esmiúço aquele couro encardido. Mulher grande, mas desaparecida, os cílios pareciam colados, pois tão pouco vi dos olhos. Se não soubesse da doença, imaginaria que sua palidez era de mulher parida – seu castigo seria para sempre ter a cor do luto. Com voz de criança, o irmão chora na altura da dor, o uivo rompe aquele desencontro. Seu Lenilton se emociona, convoca a mãe de Kéren ao telefone, a mulher do lado de cá soluça. O solilóquio do presídio, em que seu

Lenilton faz perguntas e repete vozes do fora, ganha texto não pronunciado pelo choro de Kéren. De olhos fechados, desconhece como se mover pelas algemas, não tem recado para a mãe, pois a dor emudece. Seu Lenilton se faz ela, "Kéren diz que sente saudades, espera a visita na quinta-feira e que está bem". Olhei para o homem, os olhos tremiam, a moça fez gesto de compaixão.

Kéren retoma a madrugada com lágrimas na voz, "Minha filha morreu porque eu não sabia que era preciso dar nó no cordão umbilical. Cortei com gilete, mas sangrou ela e eu". A filha morta foi encontrada na cama, enrolada em camisola da mulher que não foi mãe. O avô fez enterro solitário, enquanto a filha desolava-se como aborteira, título recebido na porta do hospital. Dali seguiu para a delegacia, a mãe de Kéren como cúmplice, as duas responderam processo. "Se eu quisesse matar minha filha, eu teria amarrado ao menos o meu cordão, até a juíza disse que não sabia isso de amarrar cordão, o senhor sabia?", aquilo não era pergunta, mas purgação do passado. Kéren estava certa, seu Lenilton também não sabia que o nó era o cordão para a vida.

A filha morta foi para o mesmo hospital de Kéren. Lá foi fotografada, e os mensageiros da vida lhe mostraram o cadáver para que nunca se esquecesse do destino das infanticidas, um futuro sem paz. A família mudou de casa, o quarto feito mausoléu tornou-se território de dor infinita. Seu Lenilton se arruma e assunta as precisões de Kéren como recém-chegada, "Meus remédios e voltar a estudar, faço Nutrição". Se o cordão do passado é dor sem jeito para o homem, o real é socorro para o encontro. "Você trabalhava?", "Sim, com carteira assinada", o rosto de seu Lenilton se ilumina, esse é o campo conhecido das necessidades: explicar benefícios, solicitar remédios, esperar visita da família. Para a dor daquela mulher que perdeu filha sem ser mãe, a infanticida de corpo infértil, seu Lenilton desconhece solução.

TERESA

Fogo. A sirene tocou e a luz de alerta era vermelha. Indicava urgência no pátio principal. Se há atendimento no Núcleo de Saúde, as presas são trancadas no Corró e colete preto deixa de ser escolta para segurar o bando bandido. O tumulto só se acalma quando a sirene interrompe e o confuso enredo tem início. Errou quem gritou ou ouviu fogo. Era forca o chamado: Janete Maria enrolou-se daquele jeito que se ensina em presídio. Matou-se com loucura, o lençol que acomoda o sono foi o laço preso à grade da janela. A mulher deu fim ao que o desespero já havia consumido. Não houve quem a renascesse.

Janete Maria era conhecida de seu Lenilton e d. Jamila. Vivia atribulada por tudo. O marido preso anunciou o abandono por carta, conheceu outra em dia de visita no presídio; as contas da cantina não fechavam, nem Seguro resolvia surra prometida. Mas o desespero mesmo chegou em forma de sentença: duas décadas viveria entre grades, dr. Juiz foi impiedoso com traficante de sobrenome na capital federal.

O lombo ainda doía da última rixa na cela, ignorou carcaça bichada e planejou a morte. Não envelheceria no presídio. Era presa solitária, desgostada e desgarrada do bando bandido. A morte já era destino, não comia nem dormia havia tempos. Seu dossiê a descrevia como "Depressiva e inadaptada ao presídio". Vivia na Ala B, o gueto das velhas, doentes e inválidas.

Na Ala B não se fala em celas, mas quartos. Cada quarto abriga até quatro presas. São seis quartos com portas individuais e um portão principal sem grades. Três quartos à direita, três à esquerda. Janete Maria foi para o mais escondido deles, onde o sol nascia e a luz cegava. Lá, esperou o instante, preparou-se para o último gesto. A mulher de mão falhada, cujos dedos não pinçavam, certificou-se da teresa. A forca não é simples, volteia-se em torno de si, garante que não vai fraquear na hora que o corpo se soltar para o pescoço ranger a fratura da morte. Janete Maria era mulher rejeitada, mas os dedos fracos tiveram ajuda para o último nó, só não se sabe de quem e se de socorro ou abandono.

Na Ala B não se dorme em beliche. Janete Maria aproximou da janela a cama que não era sua. A grade seria suporte da forca e do cadáver. O sol já queimava, era uma manhã fervente de seca do cerrado. Os quartos dormiam. Pendurou-se. O grito de fogo fez disparar a sirene do presídio. Os coletes pretos de plantão acudiram, descrevem corpo pendurado na corda, olhos esbugalhados, a língua sem caber na boca, o pescoço crescido. O rosto já sem cor, meio quarto minguante perdendo roxura, quando a corda foi desfeita. D. Jamila e dra. Paloma foram chamadas pelo rádio, estranharam o inusitado, pois sirene é alerta de distância, jamais convite de presença. Janete Maria estava estendida no chão, fora da ala, e a porta do gueto fechada. Um silêncio de fim abafava o grito de perdão.

Dra. Paloma esqueceu o jaleco com bordado rosa não sabe onde. Foi preparada para salvar quem agonizava resto de vida. Tentou, cansou, tentou novamente. Hora e meia de ressuscitação de quem não queria mais viver. Janete Maria desamparava-se. Dra. Paloma "Determinou o óbito", solenemente como anuncia a medicina. Era preciso cobrir o corpo, o lençol da forca foi esticado para esconder o que era impossível esquecer. De longe, os calcanhares escuros era o que se via do corpo encoberto. Eles não pareciam de um cadáver, talvez de uma mulher que dormia fora do lugar.

Houve troca de posto. A médica se foi, a vez era de d. Jamila acalmar os ânimos do gueto e da audiência. Foram horas de escuta, mas o corpo era monumento no corredor. Um velório improvisado teve início, se não no rito, nos olhos que finavam a defunta. Janete Maria estendia-se na casa para além de sua vontade. Já era boca da noite quando o corpo se foi. As habitantes da Ala B se recusaram a dormir no quarto maldito, houve vigília de medo. Uma delas criou coragem e sozinha foi ao quarto escuro desarrastar a cama. Arrumar a casa era resistir. O que restou de Janete Maria foi seu dossiê, sobrevive como arquivo morto no que foi sua última morada.

CARAPINHA[11]

O cabelo é carapinha, o vulgo é Neguinha. Ela é Jennifer, um nome estrangeiro nascido nas ruas da periferia da capital do país. A idade desconhece, dra. Paloma arrisca juventude grande. A razão do palpite não é a pele esticada, mas a resistência. Os braços são escritura de facadas, o pé manca de tiro, o bucho é partido por cirurgia de nome difícil, laparotomia. No centro do rosto torto, restos de venta dificultam a respiração. A cara é tisnada, e os olhos oblíquos parecem não assistir, só mover. Jennifer ouve dra. Paloma como quem ignora carne própria, "Essa é sofredora da cabeça aos pés". Há literalidade no provérbio. Na barriga, outra vida também insiste em sobreviver.

Jennifer é habitante antiga. Daquelas que saem e o arquivo não morre, sempre viva no presídio. Ela volta e parece que

11 Durante o período da pesquisa para a publicação deste livro, a expressão "carapinha" era linguagem oficial de registro sobre características corporais no presídio, utilizada para descrever texturas de cabelo. Optamos por manter, por uma questão de fidelidade ao vocabulário utilizado naquele contexto.

tem pressa em se ajeitar na casa. Mas o último retorno foi diferente. A mulher acostumou-se como xerifa, mas o trono foi tombado por outra mais jovem e taluda. Grávida, foi para a Ala A. Ali não se dorme no chão, praia não existe. A desgraceira é dormir no terceiro piso do beliche. Neguinha roda com altura, a cabeça fica vazia e o corpo treme. Na rua só se dorme no chão, mas assumir fraqueza é medonha decadência. Engoliu grosso, fechou os olhos e subiu para o topo da jega. "O tiro no pé e o bucho me deixaram fraca de luta", se explica a caminho do Isolamento. Dormente, mais pelo medo que pelo sono, caiu das alturas e despertou as companheiras de cela. Enfrentou várias no braço e não reconquistou o posto de xerifa. No desespero, lançou garrafa de água quente em alvo perdido. Na Ala A, não há qualquer uma como vítima, ali está o bem supremo do presídio – os bebês. Seu destino foi o P-Zero, o isolamento do Isolamento.

O lugar é uma cela escura, ao final de um beco. Desconhecia haver lugar pior que o cortiço dos barracos. Ali até coruja vira bicho mal-assombrado. Neguinha sente frio, no P-Zero a umidade nasce do chão. Um colete preto entrega cobertores floridos, nada adianta, nem flores ou lã falsa acalmam a tremulação. A saída é anunciar-se doente, plano para o jaleco branco devolvê-la à Ala A. "Estou sangrando", apresenta-se, "Foi a queda das alturas", justifica-se. Nada no exame. Nem sangue ou outras dores além das cicatrizes da rua. A médica se compadece da mulher mal-assombrada, mas não desafia as regras da segurança. Presa na massa é propriedade do colete preto.

Neguinha não é fácil, e a causa não é a indisciplina. A primeira entrada foi por assalto, viveu uns tempos na massa. Dr. Juiz suspeitou que a perturbação de Neguinha era diferente, a droga a deixava louca bandida, por isso viveu uns tempos no corredor dos doidinhos. Recebeu alta. Outro assalto, dessa vez retornou sem loucura, mas com medo de altura caiu do beliche, conheceu o P-Zero pela primeira vez. Neguinha é mulher mirrada. O corpo não parece ter a braveza que a história anuncia. Mas o arquivo descreve o tiro como de fuga de assalto, só não se sabe origem.

O filho não será o primeiro, mas é o que assume como seu. O companheiro, também preso, não tem filhos, serão família. O projeto é dele, mas Neguinha assume como próprio. De volta para o P-Zero, as algemas no punho, dra. Paloma acompanha o trajeto. Assunta o malfeito da vez, "Não foi assalto, foi terrorismo", explica. Não sei de onde veio a palavra, se do mundo global ou dos modos de falar do presídio. Mas ela era a primeira que eu conhecia na prisão. Jennifer, cabelo carapinha, vulgo Neguinha. A mulher da rua, a terrorista da capital federal.

ESTOQUE

O interrogatório da disciplina investigou o estoque, mas Luciana chegou pelas vozes. A vontade de furar era imensa e, mesmo com o estoque apreendido, o risco estava criado. Estoque é faca rústica, e nos modos de falar do presídio é objeto com qualidade de arma. O estoque de Luciana foi escova de dentes lapidada na parede do boi. Era escova única de gengiva desabitada. Luciana vive na casa há dez meses, já desceu do bonde desmiolada. Se a escova era mesmo potente para furar, desconheço; não fui apresentada à matéria da confusão. O malfeito de Luciana foi narrado pela dupla da disciplina, e o relatório pedia consulta com jaleco branco.

Na cela de Luciana falta jega, imagine se haveria computador. Mesmo com tamanha carestia, a mulher insoniava com barulho de vizinha digitando noite adentro. Ignorante em leitura, a angústia era decifrar palavra digitada: Luciana descreve texto longo e com ordens matadoras. Infelizmente, às investigadoras da indisciplina não interessou saber como a mulher conhecia mensagem ignorando letras. A vontade do momento era furar alguém, qualquer uma, não importava se presa ou colete preto, pois nem inimiga tinha. Fez estoque só para antecipar furação futura, por isso achava bom visitar d. Jamila, antes de furo realizar vontade. O furo poderia ser nela ou em outra, estava mais para ser em outra. Por causa da vontade do furo não furado, estava numa roubada, dez dias de Isolamento.

Se não fosse pelo estado maltrapilho, Luciana seria peregrina de passos lentos e voz mansa. Falava escondido, até o ouvido biônico de d. Jamila pediu repetição. A pose estava mais para maluqueira, exagero isso de peregrina, pois bastou a mulher sentar para história do furo voltar. "Você passou pela segurança?", "Pessoal falou que fiz estoque", "Me conte", "Psicose da cabeça, senhora. É muita vontade de furar, agora mesmo estou louca por um furo", a confissão saiu com jeito de prenúncio. Não escondo a covardia, rapidamente calculei distância, d. Jamila era mais furável. E, como minhas pernas formigavam, aproveitei conversa de furo para ajeitar-me no banco duro, a retaguarda de d. Jamila era posição mais confortável para anotar desejo alheio.

"Penso em matar, penso em furar alguém, não consigo fazer, furar ninguém, nem me furar, só faço estoque", explicava em voz mansa e pausada. D. Jamila insistiu nos temas de sempre, a mulher é mesmo curiosa sobre isso de drogas no fora antes da chegada, não importa se o surto do furo esteja no dentro. "Usava drogas antes daqui? Quais?", nem esperou Luciana responder "Sim", já emendou pedido de listagem. "Crack, morava na rua. Nem muito tempo, cinco anos." É, sobre tempo do crack não há mesmo consenso. A novidade foi troca de assunto, Luciana esqueceu os teclados de computador, concentrou-se na voz. Uma voz sem visagem a mandava furar.

"Você conhece a voz?", "Sim, senhora, é sempre voz de polícia", respondeu solene. A voz deve ser cruel, pois só aparece à noite, quando colegas de cela dormem, impedindo sono. A voz chega, Luciana busca estoque. "Na rua, você ouvia essa voz?", "Não, na rua tinha muitas vozes, senhora. A voz mandava o ser humano fazer", nem preciso explicar desentendimento, plural da rua se transformou em singular da espécie, mas d. Jamila não explorou contradição, queria mesmo era saber sobre as ordens da voz. "Aqui a voz manda em você?", "Não, eu mando nela". É, entendo cada vez menos sobre maluqueiragens, a voz foi antes autoridade.

Alguns outros detalhes sobre voz ou estoque foram suficientes para findar conversa. Luciana seria vista pelo psiquiatra em breve, até lá era importante não estocar e esquecer isso de furar colegas ou coletes pretos. A mulher prometeu, jurou ter sido aquele estoque único, descreveu tranquilidade na voz depois da conversa com a "psicótica". Tinham feito as pazes durante a consulta. Levantou-se como chegou, cabeça baixa, algemas imóveis nas costas. Uma última olhada para d. Jamila já da porta, "A senhora tem remédio para dor de cabeça? A voz está com enxaqueca". D. Jamila prometeu duas consultas, da voz com dra. Paloma, de Luciana com o psiquiatra.

SALTOS

Os saltos altos não estavam só no dito popular, mas na pose. Ela mal caminhava, o sapato fino pedia socorro para atravessar o chão do presídio. Talvez tenha esquecido como era andar por ali de sandálias havaianas. Ou fez questão de mostrar que estava ali de passagem. Pouco importa, a mulher distribuía cartão de visita, honrava a pose e os longos cabelos brilhantes, circulava na companhia da diretora do presídio. O cartão anunciava que vinha em inspeção. Ao chegar ao Núcleo de Saúde, soltou um "Como vai, Jamila?", assim mesmo, sem o "dona". Antecipou-se às formalidades das apresentações.

D. Jamila tem memória de Funes, o personagem memorioso do conto. Não esquece nomes, fatos ou histórias. Mas não localizou no arsenal do vivido aquele rosto. "Acho que foi do meu tempo de faculdade", arriscou. Mas, como tudo no presídio é sabido e compartilhado, os saltos encontraram as havaianas do passado. Nem precisou buscar o registro da visitadora no cartão distribuído. A vistosa era Cecília, presa conhecida por um dos crimes bárbaros da história do presídio. Depois de atravessar, foi contratada por quem fiscaliza cadeia. É das poucas que encontrou vida após abandono. Conheci a história de Cecília pelo rumor de seu passado, mas os detalhes que conto foram escavados de seu dossiê.

O presídio guarda um arquivo morto. A expressão é uma ofensa aos arquivistas que insistem em arquivo permanente. Certo ou errado, a casa não troca o nome das gavetas de dossiês. Cecília foi retirada do morto, não me lembro de ter visto um dossiê tão volumoso. Os papéis respeitam a barbaridade do crime. A história é folhetinesca, mas com final medonho desautorizado para fotonovelas. Traída pelo marido, Cecília foi satisfazer-se com a nova eleita, Janaína, moça jovem e bonita. Sua tocaia foi montada no Texas, não o estado, mas o edifício conhecido da periferia da capital federal. Para sua perdição, a moça estava embarrigada do marido; as satisfações não bastaram, esfaqueou o futuro da rival, e ao fim, certificou-se de que aquele amor não teria fruto: esgarçou o ventre da vida até chegar a quem desconhecia. Foram dois números: 121 e 125, homicídio e aborto. Dezessete anos e seis meses na prisão. Cumpriu o que lhe foi exigido e atravessou.

Cecília era uma "presa tranquila", segundo os modos de falar e avaliar do presídio. O tranquila não é só qualificativo, mas modo de ser das presas matadoras de vítimas únicas, explicou d. Jamila. Não são zicas de cadeia e com cheiro da rua como são as crackeiras, querem sobreviver para sair. Não era liderança, mas se orgulhava do feito, "O marido era meu. Se não fosse meu, não seria dela", costumava dizer.

D. Jamila inquieta-se com a amnésia temporária. Cecília lhe marcara no tempo de presídio: foi das primeiras que chamou de paciente quando, recém-formada, chegou àquele lugar. "Ela não se perturbava em repetir a história. Sempre com a mesma riqueza de detalhes", relembra a psicóloga em busca de divã para entender o esquecimento. O marido desapareceu após o funeral de Janaína e do futuro filho. Sozinha, resistiu à solidão.

Cecília não escondia seu crime. Nem poderia. Seu dossiê eterniza detalhes sórdidos das facadas no Texas. O caso apelou aos tribunais superiores e o dr. Desembargador atenuou o crime de Cecília, "A vítima de certa forma contribuiu para a consecução do crime, uma vez que mantinha relacionamento amoroso com o companheiro da ré, inclusive estava grávida do mesmo", disse o senhor das leis. O inclusive não é só um jeito de linguagem, mas o indicador voltado a Janaína. De vítima a amante, o inclusive resumiu o destino de mulheres que embarrigam de homens casados. Essa revisão dos fatos, não sei se um julgamento do crime ou dos costumes, fez com que a pena de Cecília fosse reduzida. Tranquila, trabalhou na faxina da casa, com seis anos atravessou. Cumpridos os ritos como presa que trabalha no fora e habita no dentro, ganhou liberdade. Hoje, é visitadora do presídio. De tão diferente, d. Jamila a desconhece.

MISS

Tatiana invadiu delegacia aos sete anos. Não era ainda bandida, mas vítima. Não foi ouvida, saiu como menina levada, o pai cuidadoso tinha texto pronto para delegado, "Ela insiste em mentir e fugir de casa". De uma surra, foi internada em UTI; de outra, fratura exposta, o braço guarda cicatriz. Se esse foi mesmo o conto de origem, não se sabe ao certo, o que se conhece é suficiente para convencer de que aquela mulher ex-zica de cadeia foi criada na rua para o crime.

O bando era nômade e extenso. O pai, líder do crime familiar, seguia teoria própria: quanto mais filhos, melhor para a caça diária. Todos saíam cedo do acampamento, família dedicada ao crime se mantinha em vigília coletiva. Na última vez que contou, soube de oito irmãos; de alguns desconhece biografia, nenhum deles a visita no presídio. A mãe se perdeu pela história, o registro de nascimento de Tatiana é feito raro na memória de seu Lenilton: só consta o nome do pai. A mãe existiu, mas era também parte do bando bandido do pai violentador e arquiteto do crime. Todos viviam na rua ou em abrigo para bandoleiros, e o dia era treinando furto na rua. Não eram pedintes, mas ladrões. O ponto eram as ruas do lago, pedaço de terra dos ricos da capital.

Aos onze anos, Tatiana libertou-se do bando familiar, fugiu para o litoral. Foi em busca de família que sabia existir por aquelas bandas, lá embarrigou. Aos quinze, retornou para o reformatório de adolescentes, a filha foi nascida no purgatório. A adolescência foi de internações e fugas, até o dia em que maiorou para a lei e, desde então, desconhece o fora. Os crimes são sempre os mesmos, furto, roubo com susto e roubo com arma. Variações da sobrevivência na rua aprendida com o pai maldito. A droga descobriu tardiamente, "Só aos catorze anos". Se a cronologia causa espanto, é porque Tatiana está certa: para quem foi torturada aos sete, a droga aos catorze foi de longa espera.

A sentença não teve piedade e promete envelhecer com Tatiana. O último malfeito da mulher teve ousadia, foi em casa de juíza importante da capital. A mulher havia atravessado, trabalhava com limpeza, comprometida em ser presa que não dá trabalho ao sistema. Um dia a tentação foi grande, as contas não fechavam e o passado fez tremer as mãos – em vez de limpar o chão do tribunal, resolveu faxinar casa de togada. Lá encontrou anel brilhante, imaginava fácil escondê-lo pelas cavidades naturais, escapar do confere da entrada e desová-lo em esquecimento por dívida que prometia surra. Antes mesmo de alcançar o portão de entrada, uma patrulha a esperava, a casa da juíza era filmada e o vulto de Tatiana foi descrito duas vezes: pela juíza como escura e alta, pela polícia como negrinha e taluda.

Era ela. Nem chegou a admirar o que seria loteria e não só pagamento de dívida por comida, "seu Lenilton, era um anel Tiffany de 140 mil reais", conta com desgosto, não sei se pela ignorância do brilhante ou se pelo fracasso do roubo. Se era mesmo desse valor desconheço, me perturba imaginar tamanha futilidade para quem decide liberdade. Não há firula no texto de Tatiana, "Eu resisti ser gente, seu Lenilton, mas sou corrompida". O homem não explorou o sentido de corrompida para quem já foi candidata a miss presídio. Se algo não se corrompeu com a violência, a droga e a rua foram a beleza de Tatiana.

A mulher é linda, e é preciso imaginá-la vinte quilos mais gorda. "Desmagreci, eu era mais fortinha", reorganiza suas carnes do passado no quase metro e oitenta de altura. As candidatas são escolhidas por outras presas, e Tatiana era das preferidas. Uma primeira-dama da capital federal organizava evento, cabeleireiro era daqueles famosos que as chapinhas do colete preto sempre sonharam visitar. Tatiana tinha chances, a principal concorrente escorregou na sobrevivência, teve o rosto arranhado por inimigas e foi afastada do grande dia. Restou apenas uma traficante das áfricas, mas a brasileira era a preferida. Seria a primeira vez que Tatiana ganharia dinheiro trabalhado, seria vista como mulher bonita, o corpo ignorado no fora era agora valioso. No grande dia, o cabelo foi escovado, os olhos cintilados, mas a sandália não suportou o corpo e o salto se desfez. Tatiana não aceitou desfilar de havaianas, aquilo era solado de pobre, não de miss. A beleza distante foi soberana, Tatiana desmagreceu de desgosto. Seu Lenilton não sabe se foi dor de tristeza ou realidade, mas tem dúvidas se a mulher será capaz de sobreviver de outro jeito, senão do único que aprendeu.

AVÓ

As sofredoras são conhecidas de véspera. Seu Lenilton sabia que d. Liomar seria a primeira do dia no Corró. A mulher é sua chegada, há oito anos visitava a filha presa por tráfico de drogas. D. Liomar nasceu no Acre, não sabe em que etnia, é indígena de origens. Foi adotada por viajantes, cresceu no Rio de Janeiro, um dia fugiu por maus-tratos e terminou em reformatório. Adolescente, conheceu o marido, enviuvou por "doença da pinga", mastigava o passado em frases soltas. Três filhos ficaram para família, dois vivem em presídios, sobraram-lhe três netos além de um que se concebe. A semana de d. Liomar era dividida pelos dias de visita; quarta-feira no presídio masculino, quinta-feira no presídio feminino. O costume era sair do pátio e pausar no gabinete de seu Lenilton. Não tinha tema certo, queria só se fazer presente.

Numa das visitas, discutiu enxoval do neto que se formava. A filha vive na Ala A, e o neto com data marcada para nascer será o segundo com berço no presídio. Enxoval é nome de benefício para nascimento de criança pobre, mas é preciso que seu Lenilton lembre ao fora que há parto no inferno. A burocracia ignora útero de presa. Nas breves pausas, o homem explorava como a avó arranjava sobrevivência. Faxinava, mas o corpo fraquejava, a bolsa família dos netos era patrimônio coletivo. Não havia visita que d. Liomar não olhasse a filha no pátio e encompridasse saída no gabinete de seu Lenilton. O homem havia se afeiçoado pela avó, que passou a ir acompanhada dos netos.

Depois de treze anos como visitadora de filho, d. Liomar caiu. O filho estava jurado de morte por dívida não paga, a mãe seria a salvadora. Ou a maconha entrava ou nem Seguro salvaria o filho. Experiente visitadora, d. Liomar acreditou que maconha protegida pelas cavidades naturais seria invisível ao colete preto. Cobriu a erva em plástico preto, pois ensinaram que a máquina não vasculha escuridão. Nem precisou despir-se, d. Liomar confessou malfeito ao primeiro apito da máquina. De visitadora, a avó agora é habitante. É presa com cadeia alta, a ousadia do flagrante nas partes baixas incomoda; tráfico em área de segurança foi seu artigo. Mãe e filha são agora vizinhas, se encontram no pátio.

"A senhora se lembra de mim?", foi assim que seu Lenilton iniciou o atendimento. A mulher tinha rosto mais baixo que a disciplina, o pescoço curto não me permitia acompanhar os olhos enterrados nos ombros. De tão corcunda, parecia farejar os pés. O homem estava preocupado, iniciou conversa diferente. Ele não gosta de avós na casa, todas lhe inspiram compaixão. Elas são poucas; em meu tempo de presídio só conheci duas, mas nenhuma tão mirrada quanto d. Liomar.

"Quantos anos a senhora tem?", "Nasci em 22 de setembro, tenho 75 anos, o resto eu não sei". Esse foi o início do tema de sempre, seu Lenilton queria saber com quem os netos sem pais sobreviviam no fora. Há filha sem crime, na casa juntaram-se netos abandonados pelo presídio. A filha cuida agora de sete crianças.

Aliviado, seu Lenilton se inquieta com o silêncio de d. Liomar. Diferente das moças que lhe chegam todos os dias, a mulher tinha vergonha nos olhos e nada de zanga. "O que a senhora está precisando?", o tom era maternal, não sei se o homem se lembrava de sua orfandade recente. "Sabão e papel higiênico", respondeu sem saber se o pedido era autorizado. D. Liomar iniciou choro miúdo, mas o rosto engelhado interrompia as lágrimas. Seu Lenilton pediu licença, nos deixou e saiu à procura da higiene. Ficamos d. Liomar, o colete preto e eu em silêncio de mosteiro abandonado. Guardei o caderno, pois quietude não pede escrita, só presença. Seu Lenilton retornou com saco transparente, nele havia mais do que sabão e papel higiênico, vi pasta de dentes e absorvente. D. Liomar recolheu os únicos bens e perguntou se podia ir. Seu Lenilton substituiu a resposta por um sem jeito "Fica com Deus", talvez imagine que só outro mundo possa cuidar da mulher indígena que terá no presídio o asilo da velhice.

MENINA

"Nasci no Natal de 1993", a voz era feliz e as pernas balançavam enquanto falava. O arquivo data idade desconhecida, não fui capaz de precisá-la, dez ou vinte anos, tanto faz. O nome é Tina, mas desde que chegou atende por Menina. Ela estava sozinha no Corró à espera de atendimento; as grades deixavam sua miudez inofensiva. Ela é quase criança, certeza tive quando vi os pés não alcançarem o chão. As algemas ofendiam aquele corpo mirim, e sua história desconcertava quem ouvia. "Tia, eu cresci na idade, mas na mente eu sou debiloide", o sorriso denunciava o crack. Estava ali por verrugas no corpo, na casa nem sabe bem por qual descaminho.

Menina tem duas filhas, a primeira de seis anos "É mais esperta que eu", conta com orgulho de quem desconhece maternidade. A criança vive com alguém em algum lugar, a segunda filha nasceu também no Natal, mas de outro ano, faz questão de esmiuçar, e só engatinha. Já nasceu do tempo da rua, e o crack desarrumou a filha antes de nascer. "Ela também tem um bichinho que deixa debiloide, o bichinho come as células da mente", explica em meio à língua presa. Menina é zarolha, o rosto é pequeno, as orelhas são caídas, um manual de genética recheia o esqueleto. O cabelo era estopa suja, os dentes faltavam e a pele desbotada deve ter sido escura no passado. Não foi à escola, mas diz gostar de matemática, demonstra contas que faz sem usar dedos.

Dra. Paloma se espanta com o avanço das verrugas, sinal impiedoso da sífilis. Antes de examiná-la, daquele jeito que as mãos ganham intimidade no corpo desbanhado, a médica puxou conversa. "Sente alguma coisa?", "Sinto. Dor na barriga, na garganta. Será que sou soropositivo, tia?", o drama da pergunta não combinava com o timbre que anunciava. Não, eu pensava, seria muito para um corpo só – deficiência intelectual, gravidez, sífilis, HIV, rua. Mas ela não estava ali para nos acalmar; se o real não a atormentava, por que iria nos proteger dele? "Minha mãe é soropositivo, tia, o meu irmão já fez exame da cabeça, ele tem o mesmo bichinho que eu", "Qual bichinho é esse?", resignou-se dra. Paloma à medicina de Menina. "O bichinho da convulsão, tia, eu tenho tido todo dia na cela."

A médica fez meia-volta, deixou o corpo diminuído e sentou-se. Precisava organizar-se, não sei se na medicina ou no desamparo. Eu não tirava os olhos de Menina, os dela encaravam dra. Paloma, esperavam ordens. Menina era provisória de cadeia, mas também de vida. Um calado se alongava no gabinete. Meio sem jeito, colete preto assumiu voz carinhosa, "Meu bem, você não pode chamar a médica de tia, ela é doutora", "É, eu sei, desculpe, tia, já até tomei bronca por isso", e emendou sobre sua vida na cela, "As meninas na cela cuidam de mim, elas dizem que eu sou a bebezinha delas, elas mandam eu tomar banho, deixam eu dormir na jega, elas me ensinam a falar direito", e virou-se para dra. Paloma, "Tia, sou soropositivo?".

Menina era a primeira presa do dia, dra. Paloma já estava cansada. Reagiu à interrogação dolorosa e tentou o começo, "Você sabe usar pomada?", "As meninas da cela me ajudam, tia, eu já tomei vários remédios, um rosa grande, um amarelinho e outro branco. Vou tomar remédio?". A médica levantou-se, levou aquele grilo pidão à sala de procedimentos. Sífilis positiva, seriam duas injeções doídas de uma só vez. "Já tomei antes, tia, pode dar, sou valente, mas sou soropositivo também?". Aquela teimosia quase me fazia implorar à médica que fizesse logo o exame, mas parecia que dra. Paloma retardava a resposta. O melhor era tapar os ouvidos.

"Tia, eu não menstruo também", a frase foi golpe no jaleco branco, que abriu exame rápido de gravidez. Só Menina falava na sala, contava histórias da rua, de pastores que anunciaram ser ela missionária, da mãe que desconhece se viva. O teste de gravidez foi negativo, a médica parecia respirar novamente, ganhou voz. "Veja, Tina, seu exame deu negativo, é importante cuidar de sua saúde, nós vamos começar as injeções, serão seis", "Certo, melhor que ficar doente na cela, tia". Menina recusava cerimônias, a sobrevivência era concreta, as injeções curariam as verrugas. Sem anunciar, dra. Paloma fez teste de HIV, nem isso nem gravidez, voltou à pomada do início. "Você não é soropositiva, mas sua pele está com bichinhos, precisamos cuidar com a pomada", "É o mesmo da convulsão, tia?".

FUGA

Ela era uma irmã. Daquelas raras que passam por ali cuja irmandade não é cristã, mas criminosa: o PCC. Até onde a inteligência do presídio sabe ou conta, não são muitas irmãs da outra capital pelo Planalto Central. Marcela era uma delas. Alta, magra, bonita, mais parecia corpo de colete preto que mulher de laranja. Marcela não era da rua. Rapidamente foi classificada para o trabalho na casa, era faxineira, limpava o pátio interno das alas. Sua especialidade era esvaziar, higienizar e lustrar lixeiras. A mulher esmerou-se como lixeira do presídio, só não durou muito no trabalho.

A fuga de Marcela ainda dói. Sua história é contada na casa, mas pouco se viu, menos ainda se sabe. O que conto é texto oficial da inteligência do presídio. Muitos meses se passaram e a mulher não foi desforagida. Marcela dividia cela com colegas do ramo da limpeza. Precisaria delas para o sucesso do escape, mas só cabia uma no plano, nenhuma outra. Como xerifa e irmã do PCC, o plano se fez obra, e não houve cabrita que o desafiasse. Muitas presas sabiam da faxina final, por isso o castigo foi longo e disciplinou muitas. As faxinas da fuga perderam o benefício do trabalho, a mais medrosa delas enfermou-se como proteção. Sofreu dobrado: indisciplinada por saber e silenciar. Isolamento para todas.

Era uma tarde comum de trabalho. A novidade é que Marcela desceu para o pátio com um lençol limpo. Não se sabe como o escondeu, detalhe que inquieta a inteligência. Dedicou-se a lavar o que dicionário descreve como "lugar sórdido", a lixeira do pátio depois de dia de visita. A ela foi devota: certificou-se de que era a menos suja e a mais próxima do portão do pátio; esvaziou resto da casa e pôs-se a melhorar as marcas do tempo nas laterais. O trabalho era muito, cada lixeira mede quase metro e meio. Havia monturos de restos. Em momento de desvio do olho vigilante, Marcela forrou a parte interna da lixeira com o lençol. Seria o berço da liberdade. Fez-se de lixo e lá esperou ser arrastada para fora do pátio.

Para alívio das colegas faxineiras, as lixeiras têm rodinhas. Pares de rodinhas, e das boas. Suportavam o peso do novo refugo do presídio e diminuíam risco de serem descobertas no trajeto do pátio para o fora. Marcela não era uma mulher diminuída, condensou-se para caber naquele polígono de lixo. Lixeiras e presas se parecem – todas laranjas. Mas a rota era costumeira: ao final do dia de limpeza, os refugos são carregados do pátio. É um fora ainda fajuto, pois descansam à beira do pavilhão entre grades e muros. Mas é já distante dos olhos da torre. Nesse dentro-fora, as lixeiras esperam o caminhão que as esvazia para o dia seguinte se repetir. Limpeza da casa e carregamento dos lixos.

Marcela esperou confortada e protegida. Imagino que o lençol tenha acalmado a espera, melhor ainda se tivesse travesseiro. Seu plano não era cair em um caminhão de lixo, a ousadia foi maior. A noite chegou, céu sem lua. Pouca luz, muito silêncio. O presídio da capital federal é distante, prédio desvizinhado. Por perto, só ladeira que dificulta caminhada. Nem linha de ônibus passa pelo portão de grades a cinquenta quilômetros do centro da capital. Em dia de visita, famílias caminham ao sol ou à chuva, São Pedro quem decide os ares do trajeto. Há só mato e solidão rodeando aquele bando bandido. Um ermo bom para o namorado de Marcela, que esperava no cerrado na fronteira da grade.

O enredo final é especulação. Marcela saiu da lixeira, saltou grade e sentiu vento da noite. Para onde foi, não se sabe. O mistério não é saltar grade sem vara, mas a perfeição do plano. O dia seguinte foi de procedimento geral na casa. Não houve atendimento do jaleco branco, o pelotão do colete preto estava coordenado nas buscas. As disciplinadoras tinham muito trabalho: ouvir faxineiras, investigar colegas que falharam na vigilância. A lixeira com o lençol foi recolhida como suspeita. A verdade é que a suspeição tomou conta do presídio: lençol, limpeza, fuga, vigilância. A fuga da irmã foi limpa. A sujeira ficou na casa.

BISCOITO

Pensei que Biscoito fosse só uma andarilha. A chegada ao presídio é margeada por ladeiras e lá estava a mulher em ritmo constante, subia e descia em busca de algo. O presídio feminino da capital é sozinho, visto de longe é cimento no cerrado. Não sabia de onde aquela mulher vinha nem o que buscava. Nada carregava além do corpo. Quase desnuda, o cabelo era de matéria desconhecida, os pés não vestiam sapatos. "*What is your name?*", me gritou, assim mesmo em linguagem escolhida. D. Jamila nos apresentou, Biscoito é mulher da casa. Vem e vai sem contas, o apelido é herança da gula por bolacha em dias de visita. Sem visitadores para chamar de seus, Biscoito mendigava a COBAL de companheiras.

Biscoito saiu do presídio há poucas semanas. Mas o território não mudou. Instalou-se nos fundos do pavilhão, na fronteira entre o dentro e o fora, e lá se ajeitou com o que descreve como posses. Come o que lhe dão de passagem ou vasculha os restos do presídio, banha-se na Rodoviária do estacionamento, o telhado com banheiro dos visitadores de quinta-feira. A depender das escoltas de plantão, Biscoito desaparece igual cachorro medroso. Escolta boa é aquela que finge não a ver rondando o retorno. Mas não há como ignorar Biscoito, ela fala sozinha e não pausa as pernas.

Os crimes são bagatelas da lei, furtos, drogas ou nudez. Houve vez que provocou retorno com ousadia. A noite era fria e o acampamento dos fundos fora desmontado pela ideia de que, sem teto, a andarilha migraria para outra vizinhança. Biscoito olhou a desapropriação, silenciou-se mais do que o natural. Volteou o presídio e esperou. O primeiro bonde que trazia carregamento de presas foi o alvo, uma pedra acertou o vidro. Biscoito só facilitou a entrada e economizou gasolina do camburão; apertou-se no cubículo da viatura e dormiu na praia da cela.

Biscoito sobrevive em abstinência do crack. D. Jamila diz que a mulher deve ter tido juízo nos prumos, mas isso ficou no passado. Anos de crack foram suficientes para marcar o corpo, deixar cicatrizes e alterar o pensamento. Biscoito tinha a língua destravada, me apresentei, ela não estava interessada em me conhecer, lamentava que "Se *street* é *street*, posso morar onde eu quiser". É, o raciocínio me parecia razoável, mas a rua de Biscoito tinha de ser a porta do presídio? "Aqui me sinto segura", dizia ela enquanto pedia a d. Jamila uma conversa com a diretora. É, novamente razoável, quarto com banheiro e segurança na porta, quem sabe uma conversa com a síndica resolveria?

De vez em quando Biscoito some. O sumiço tem por hipótese a morte, nunca a desistência de viver por ali. Mas a mulher sempre volta, como vizinha ou habitante. Não trabalha na casa, não conheceu escola e tem dificuldades com a higiene. A chegada é rebuliço na cela, por isso Biscoito nem contesta a praia como destino. O boi não lhe provoca angústia, acostumou-se aos cuidados diferentes. "Esse frio é bom porque a *water* é ainda mais geladinha", explicava enquanto alternava grunhidos entre o que traduzo, não sei se a língua do crack, do império ou de outro fora que desconheço.

O retorno de Biscoito foi assunto no Núcleo de Saúde. Dra. Paloma já pensou no mata-piolho, d. Jamila, na abstinência do crack. E seu Lenilton? A conclusão é de que Biscoito volta por fraqueza de seu Lenilton. Mas o homem se justifica, "Ela não é mais presa, o que eu posso fazer?". É, novamente me pareceu razoável, Biscoito é mulher livre, daquelas que livros descrevem como ex-presidiária. Não tem para onde ir, escolheu vizinhança da cadeia como teto, é uma mulher contada pelo governo da vida como gente de rua. Seu Lenilton é assistente social da saúde do presídio, sua mesa com telefone não alcança as carências de Biscoito, a andarilha da capital, uma gente de rua.

JALECO BRANCO

Presídio é instituição policial. Grades e muros são como gritos do espaço. De longe se vê o portão de ferro da entrada principal e os homens de preto à espera da identificação. Nunca erro os ritos de passagem por esses territórios, difícil mesmo é iniciar-me às siglas. Um exercício mental me acompanha no presídio. Entre o portão principal e as alas, atravesso um longo corredor que ferve nos dias quentes; o teto de zinco indica que aquilo foi arquitetura militar. A cada cinco passos, há um atentado à língua portuguesa: eu me esforço para decorar cada ruído de sigla e suas missões. Desisto. Quando autorizada, o melhor é visitar os habitantes.

O Núcleo de Saúde (NUS no idioma local das siglas) foi onde permaneci mais tempo. Ali passei longas horas em um teatro da vida real para seu Lenilton, d. Jamila e dra. Paloma. Além deles, orbitavam coletes pretos. O espaço é esquadrinhado por paredes frágeis, vazadas, e por mais escutas que ouvidos humanos. Há uma chefa da segurança da saúde, ninguém entra ou sai daquele lugar sem antes ter passado pela lista da memória ou da prancheta do colete preto. Ao me ver, repetiu a regra da escolta e que branco é cor de visitante, e laranja, cor de presa: "Escolha outra cor para aqui nos visitar." A chefa me viu quase todos os dias que visitei o presídio, a mulher era onipresente, se não ela, suas cinco companheiras de colete preto.

Seu Lenilton é o chefe da saúde, um homem da paz. Não sei bem se pensa ou medita. Nunca o vi alterar a voz, nem quando uma presa lhe atentava o juízo. Seu gabinete de trabalho se resume a uma mesa, duas cadeiras e um telefone. Minha chegada introduziu uma terceira cadeira no já apertado espaço. O colete preto se moveu, transformou-se em ornamento ao umbral da porta. Seu Lenilton anota tudo em longo caderno que mais parece registro de balanço contábil. Não há computador nem material de escritório; o tempo do prontuário eletrônico ignora o presídio. Mas o homem parece não se incomodar com isso; nem o apelo à sua juventude o seduz à tecnologia. Ele não é assistente social do presídio, mas assistente social da saúde prisional. A diferença nem seu Lenilton sabe: Bolsa Escola para um filho de presa é demanda da saúde ou da assistência social? Mas, como nem as professoras da faculdade de seu Lenilton sabem responder, ele dedica seus miolos a responder o que lhe chega do outro lado da mesa.

D. Jamila é psicóloga, se desdobra entre sofrimentos, angústias e maternagens. As presas a adoram, apesar de abusarem de sua delicadeza. A mulher é gentil, de fala mansa, mas nada ingênua. Vê-la em atendimento é um jogo mental permanente – ela deixa a presa esperta acreditar que a enrola. D. Jamila só escuta, com a certeza de que seu lugar é ali e naquele momento. De vez em quando some uns dias do presídio: a alma pesa por estar tantos anos ouvindo as dores do mundo e as desgraças que ninguém quer conhecer. Mas parece que tem raízes na prisão; sempre volta para o minúsculo gabinete, o menor de todos. Faz questão de explicar: "Isso aqui não é consultório, mas baia de socorro." O fascínio das presas são as sapatilhas variadas de d. Jamila, mas ela gosta mesmo é do arco-íris nas unhas. É a mais jovem do Núcleo de Saúde, e o jaleco branco é seu companheiro de atendimento.

O primeiro gabinete é o de dra. Paloma, a médica que aprendeu o sentido do cuidado no presídio. É generalista, se não para o dicionário, para a vida das presas: suas pacientes sofrem de tudo, têm dores em todos os órgãos e carnes, parecem ter o mais longo manual de medicina no corpo. Em seu gabinete, conheci lamentos sem voz, puro corpo. Dra. Paloma não está em uma frente de guerra, mas se comporta como uma médica que tudo precisa saber, pois não há mais ninguém além dela para cuidar do corpo que sobrevive na prisão. É jovem, com olhos tão vivos quanto os de uma adolescente. O jaleco branco é bordado de rosa, um gesto de doçura mesmo para mulheres que a rua ou o presídio já embruteceram. No dia de seu noivado houve festa. Dra. Paloma repousou o estetoscópio e declarou amores para o policial militar que não é sua escolta no presídio.

Não tive cadeira cativa no Núcleo de Saúde, mas gostei mesmo foi do gabinete de seu Lenilton. Nunca sentei ao lado do dentista, pois os sons do atendimento eram sem interesse para o meu caderno de notas. Evitei a sala dos procedimentos médicos, porque ali havia tensão e urgência. Uma saleta pequena, várias bancadas, e as enfermeiras e auxiliares se movendo mais rápido que qualquer canto pudesse me acomodar. Escapei das poucas idas do psiquiatra ou da pediatra ao presídio, pois eram visitantes da saúde. Em segredo, me imaginei no sofá esgarçado da entrada, mas ali era disputado pelas presas do Seguro.

FIM

Com seu Lenilton, d. Jamila e dra. Paloma aprendi o primeiro mantra do presídio, "Não julgue". Claro que duvidei da capacidade do trio de exercer o que me interpelavam, um gesto moral suspeito diante do desvario que por ali passava todos os dias. Não sei se por compaixão ou aprendizado, acredito ter me aproximado do sentido de não julgar. E não só para o trio, mas como uma forma de estar no presídio: aqui os de colete preto e os de jaleco branco se aproximam. As sentenciadas já foram julgadas; agora estão pagando o que fizeram. As provisórias ainda saberão, mas uns meses no presídio pode ser um castigo inesquecível, caso não venham a ali permanecer. Pagar é uma expressão que não deve ser assumida como autoevidente – ela antecipa o que se espera das grades. É uma expiação do feito com a própria vida no tempo presente, a reclusão deve ensinar o valor da liberdade.

Julgar tem múltiplos significados, mas dois deles me chamaram a atenção e passei também a adotá-los como parte de meu modo de estar no presídio. Por um lado, é a certeza de que o presídio é o fim de uma linha. Mas o fim no sentido mais geográfico da palavra – essa mulher é uma refugiada da casa ou da rua, talvez da vida. "Não julgar" é um ato de compaixão que permite o reconhecimento pela presença e menos pelo desvario cometido. "Não julgar" é diferente de solidariedade, é mais simples e menos cristão: é silenciar-se diante dos motivos e das desrazões das presas; é apenas escutar necessidades da dependência. Se for razoável, será atendida; se não, será ignorada. Mas há um segundo sentido para "Não julgar": outra pessoa o fará. A figura do juiz é ambígua entre os trabalhadores do presídio. Se é quem determina a permanência de uma mulher como presa – ou seja, quem sentencia –, é também quem importuna os profissionais sobre os direitos das presas. É uma figura que recebe denúncias, solicita documentos, mas que não faz parte do cotidiano daquele fim da linha. "Não julgar" é, assim, se diferenciar de um sujeito que ali não está, mas que tudo pode e em tudo se mete, o dr. Juiz.

Mas o presídio é um lugar onde tudo se sabe de todas. Os números dos artigos do Código Penal facilitam apresentações ao pé do ouvido – 157 era bastante popular. Nunca me esforcei por decorá-los e sempre provoquei impertinências: "157 é o que mesmo?", "Roubo", me respondiam as agentes, intrigadas sobre como eu ainda poderia errar algo tão básico. Mas a minha falha de memória era importante, pois só assim tinha acesso às histórias do 157. Quem era aquela mulher, como chegou ali, há quanto tempo estava no presídio. Nunca fiz perguntas diretamente às presas, foram meses de observação e conversas com os trabalhadores do presídio. O universo das presas que me alcançou foi o espontâneo de suas vidas. Suas vozes eram aquelas direcionadas aos administradores da dependência.

Por onde andei, levava comigo um caderno de notas, as antropólogas o chamam de diário de campo. Claro que nos primeiros dias meu caderno movia os olhares, mas só em raras ocasiões me perguntaram sobre o que tanto escrevia. Não me pediram para lê-lo. Propositadamente, fazia minhas anotações de forma que quem quisesse poderia bisbilhotá-las, pois jamais tentei escondê-las – nem das agentes, tampouco das presas. Sei que algumas esticavam o olhar para me descobrir, mas não fui capaz de tomar notas e perceber como me vigiavam. Observar-me era mais importante que saber o que eu observava ou anotava. Foi aí que entendi que estar acompanhada de uma agente era não apenas para minha segurança, mas também para a segurança do presídio.

O Núcleo de Saúde é uma ilha em um universo administrado pela segurança pública. Os profissionais do jaleco branco são independentes do poder do colete preto, pois são trabalhadores de outra necessidade. Pretos e brancos convivem em delicado respeito, e, como todos os regimes organizados pelas cores, ali não seria diferente: há disputa e diferenças. A mais importante delas é sobre o lugar de cada um na vida de uma presa: o preto reprime, o branco cuida. Mas a dicotomia não é tão simples quanto as cores sugerem. As cores gritam os regimes de poder, mas não descrevem seu funcionamento cotidiano. É do colete preto que a vida de uma presa depende integralmente. Assim, o preto não só reprime, mas também administra a sobrevivência.

Mesmo reconhecendo a sobreposição entre os regimes de cuidado e repressão, o poder punitivo é exclusivo do colete preto. As presas sabiam que eu não era alguém com o poder do colete; as cores só facilitavam minha distância do jaleco branco. Mesmo para as presas desatentas, o preto não me uniformizava: faltava a inscrição do poder, o brasão policial e a legenda Agente Penitenciário. Assim, fui uma anotadora de preto, sem confusão com aqueles três personagens que suavizam a sobrevivência no presídio e que me acolheram em seus gabinetes. Se fosse para ser passada como outro alguém, mesmo que apenas na estética das cores, que fosse com a segurança. Assim, fui uma antropóloga de preto na cadeia da capital do país durante seis meses.

O que conto foi o que vi ou ouvi nos meses em que estive no Núcleo de Saúde. Registrei diálogos e personagens no instante mesmo da escuta – relatos do real em texto. Fiz sempre uma conversa imaginária intermediada entre a escuta e a anotação, registrei histórias passadas e conferidas nos documentos do arquivo da prisão. Nunca estive sozinha com uma presa, por isso meus relatos se submetem ao teste da realidade: outras testemunhas acompanharam o que conto. Só fiz perguntas aos trabalhadores do presídio, personagens que poderiam contestar a versão das histórias que conto neste livro. Sei que as histórias aqui narradas não representam a totalidade do presídio. Nem poderiam. Elas são parciais pelo que consegui ver e ouvir, mas também pelo que me deixaram saber. Imagino muito mais do que fui capaz de perceber. O regime de segurança do presídio me acompanhou a cada passo que tentei mover para fora do Núcleo de Saúde. Em vez de conquistar o livre trânsito, quanto mais longa minha permanência, mais confinada fiquei aos seres de jaleco branco. Com o tempo, a autorização da diretora, "Você pode ficar onde tiver escolta", foi entendida como "Você pode permanecer no Núcleo de Saúde".

As histórias que escrevo sofreram várias mediações de realidade. A primeira delas é que minha inserção no presídio se deu pelo Núcleo de Saúde. Ali, as presas são ainda presas, mas temporariamente "pacientes". Ali, as presas nos lembram que estão vivas. Seu Lenilton, d. Jamila e dra. Paloma impõem uma breve suspensão de regras hegemônicas a um espaço policial. Mesmo além das fronteiras do Núcleo de Saúde, meu trânsito pelo presídio foi mediado pelo jaleco branco – as visitas a outros espaços foram desdobramentos da cadeira cativa na Saúde. As agentes ou os policiais não falavam apenas para mim, mas para um dos profissionais do presídio, seus já conhecidos parceiros de trabalho. Nunca perambulei sozinha – ao meu lado, sempre esteve uma agente, além de um jaleco branco.

Houve ocasiões em que agentes ou policiais desejaram me mostrar suas atividades de rotina, como o trabalho na torre de segurança ou um interrogatório do Núcleo de Disciplina, mas a gentileza pedagógica foi proibida pela direção do presídio. Não discuti as regras de veto sobre territórios ou rotinas de trabalho. Até mesmo porque rapidamente aprendi uma palavra soberana à ordem do presídio: "procedimento". Procedimento é uma expressão que se basta no sistema prisional – significa o absoluto da suspensão de qualquer pergunta sobre motivos, em que o poder da segurança mostra sua hegemonia para o funcionamento da casa. Se uma agente informa que há procedimento no pátio, isso significa que qualquer trânsito está proibido, exceto para os profissionais do colete preto. O procedimento valia para mim tanto quanto para os seres de jaleco – um momento de procedimento não se discute.

Recebi o anúncio de procedimentos durante minha estadia no presídio. De alguns, eu soube a razão. O dia da troca dos uniformes foi um desses. Enquanto esperávamos a escolta para acompanhar mães e bebês ao Núcleo de Saúde, fomos informadas que tinha tido início um procedimento no pátio e, portanto, as consultas estavam suspensas. As razões para o procedimento passam a ser objeto de especulação, não tanto pela equipe da saúde, que já se acostumou com a constante mudança de rotina, mas pelas presas. O procedimento altera rotinas, amplia as regras de segurança e, segundo os ditos do presídio, é quando os excessos ocorrem. Nunca presenciei uma operação de procedimento, senão aquelas de mobilidade das presas pelo presídio, por isso me silencio sobre seus ritos e modos. Mas os rumores que escutei sobre desvarios do poder e uso de violência foram nos dias seguintes aos procedimentos.

Assim, se há um universo oculto no presídio, ele se manteve desconhecido mesmo após meu longo trabalho de campo. Do que conheci, posso dizer que o presídio é uma máquina de abandono para a qual os sentidos da violência são múltiplos. Uma mulher ao atravessar o grande portão principal em um cubículo de camburão jamais será a mesma. Não importa se permanecerá no presídio como sentenciada ou se a estadia será provisória. O abandono é a cena final de um rito de vida que teve início na casa ou na rua. As mulheres do presídio são muito parecidas – pobres, pretas ou pardas, pouco escolarizadas, dependentes de drogas, cujo crime é uma experiência da economia familiar. Não são apenas mulheres presas quem conheci, mas famílias de pessoas presas. O principal crime é a categoria ambígua de "tráfico de drogas". Não conheci uma traficante semelhante a líder de facção criminosa, talvez uma característica do tráfico na capital ou, quem sabe, da traficante dos presídios do país. Elas eram mulheres comuns, donas de casa, ambulantes ou empregadas domésticas, que um dia resolveram levar drogas no corpo para os maridos ou companheiros no presídio masculino. Ou que acharam possível esconder um pacote de cocaína embaixo da cama, ou vender pamonha com maconha.

Os trabalhadores do presídio são agentes da máquina do abandono. Não é contra eles que o dedo do julgamento deve ser posicionado. Ali, repito, é a linha final de um grande rito do abandono já iniciado quando cada uma das mulheres deste livro nasceu. Não sei dizer se a violência física como tática disciplinadora desapareceu do presídio da capital federal ou se ela foi escondida pela soberania do procedimento. No Núcleo de Saúde, não presenciei maus-tratos, mas ali é um espaço híbrido – os seres de jaleco branco são também vigilantes da ordem. Mas, se a exceção for um gesto periférico à disciplina carcerária do presídio da capital, esse modelo de disciplinamento não deve ter efeitos tranquilizadores. Talvez seja um sinal de que a engenharia do abandono prescinde do terror para enviar as mulheres a seu asilo final, o presídio.

Alguns trabalhadores do presídio acreditam resistir, se descrevem como personagens de crítica ao complexo penal. Outros são cumpridores de seu papel de vigilantes da segurança, mas exercitam a compaixão distante, "Essas são mulheres sem esperança", dizem resignados. Mas nenhum deles se confunde com as mulheres presas. Houve uma mudança no perfil dos trabalhadores da segurança: no presídio da capital federal, a carreira de agentes é de nível superior, além da identidade policial da profissão. Isso fez com que surgisse um abismo de classe entre os trabalhadores e as habitantes do presídio. Além disso, a redução da desigualdade no país fez com que a moradora de rua fosse a representante do bando – mulheres abandonadas não só pela ontologia de uma existência sem deus que nos protegeria ao nascer, mas também pelo justo. Uma mulher presa ex-moradora de rua é sempre descrita como "moradora de rua", mesmo que sua casa seja agora a prisão. Uma mulher presa ex-crackeira é sempre "crackeira". Esses foram os dois qualificativos máximos do abandono que encontrei entre as presas. Nada mais dramático que uma presa crackeira e moradora de rua. Seu destino parece estar traçado – será de idas e vindas ao presídio, um dia morrerá do excesso da droga ou da morte matada pela droga.

MODOS DE FALAR

ABORDAGEM Expressão policial para a ação de investigação em suspeitas ou denúncias. O CONFERE diário é uma abordagem.

ACOLHIMENTO Dia reservado à triagem das presas pelo Núcleo de Saúde. As presas são selecionadas pela segurança do pátio e descem algemadas para o CORRÓ da saúde. No acolhimento, a presa é atendida pelos profissionais da saúde – assistente social, dentista, enfermeira, médica e psicóloga. Vacinas e medidas de urgência são adotadas, outras demandas são agendadas.

ALA O presídio se organiza por alas, que são grandes blocos de celas. As alas são distribuídas de acordo com critérios populacionais. A Ala A é das mulheres com crianças; a Ala B, das doentes, deficientes ou velhas; a Ala C é das sentenciadas e provisórias; a Ala D, das provisórias; e a Ala E é destino das presas que trabalham em área externa ao presídio. No NPSA (Núcleo Penitenciário de Regime Semiaberto), ficam as presas que cumprem medida de segurança e as que trabalham em área externa ao presídio. Em cada ala há celas, em cada cela há dezenas de presas.

ATRAVESSAR O verbo descreve a presa que todos os dias atravessa o portão principal para o trabalho externo. Ela sai cedo para o trabalho e retorna no final do dia para dormir no presídio. O benefício do atravessamento é dos mais esperados pelas sentenciadas. É também usado para descrever a mudança de alas, a saída da massa para a ala das que trabalham.

BACULEJO Investigação nas celas, nos bens e nas presas. Bacu é redução de baculejo, expressão policial para abordagem de documentos ou corpos.

BENEFÍCIO Termo genérico que confunde a linguagem judicial e a social. Para o campo penal, benefício são direitos subjetivos concedidos pelo juiz à presa – benefício do atravessamento, benefício do saidão etc. Para o campo social, são benefícios de assistência social, como o Bolsa Família ou o Benefício de Prestação Continuada. No modo de falar do presídio, é tudo aquilo que a presa entende como um direito, mas que depende da concessão e do reconhecimento de alguém.

BICHO É o mundo do crime e da bandidagem que vive fora do presídio, a maloqueiragem genérica vinculada às drogas, em particular ao crack. O termo é usado, sempre no masculino, pelas presas malandras para anunciar conexões com as drogas ou com o malfeito.

BICUDA São as presas com apresentação masculina no corte do cabelo, no movimento do corpo ou nos modos de falar. Em geral, vivem acompanhadas de outras mulheres e conquistam, pelo braço ou pela sedução, regalias de serviços e cuidados. Nem toda mulher que se relaciona sexualmente com outra mulher no presídio se apresenta como bicuda.

BOI É o penico do presídio, um buraco de fossa, onde também se localiza o chuveiro. Ocupa o centro da cela, com uma parede sem porta, ou, nas alas, vem em pares e se assemelha a espaços como banheiros. Não há privada no boi, mas um buraco no chão. As presas precisam aprender a usá-lo de cócoras.

BOMBOM Também conhecido como NERVOSINHO, é um medicamento psicotrópico com circulação controlada no presídio. Em geral é o Levozine e, no passado, foi o Rivotril.

BONDE Condução que carrega presas da delegacia para o presídio. O bonde feminino na capital do país é diário.

BONDE DO AMOR É a condução entre presídios – em dias especiais, mulheres e crianças saem do presídio feminino e visitam companheiros na Papuda. Não há rotina para o Bonde do Amor, o calendário segue a gentileza da administração penitenciária.

BRANQUINHO Expressão genérica para os psicotrópicos de cor branca administrados pelo psiquiatra. Também conhecido como NERVOSINHO ou BOMBOM.

BUCHA Combinação de medicamentos psiquiátricos com cocaína.

CABRITA É a dedo-duro da cela ou das alas. Em geral, é uma liderança antiga que controla as companheiras de cela, mas negocia vantagens com a segurança. É um posto encoberto, as presas suspeitam quem seja, mas quando descoberta a cabrita é disciplinada no braço. A Ala A, das mulheres grávidas e dos recém-nascidos, é a de maior concentração de cabritas no presídio. Algumas são informantes do colete preto; outras, do jaleco branco.

CAJE Unidade correcional para adolescentes infratores no Distrito Federal. O CAJE foi implodido em 2014, após ter sido objeto de críticas e denúncias graves de violações de direitos humanos.

CATATAU Uma forma de comunicação típica dos presídios. É um papelete escrito pela presa ou por uma escriba que descreve em poucas linhas o pedido. A triagem dos catataus é feita pela segurança, que escolhe qual sairá do pátio para o poder, mas também qual nunca será atendido. A agenda de atendimentos do Núcleo de Saúde é definida pelos catataus ou pelas urgências. O catatau não é exclusivo para as necessidades de saúde, mas para qualquer demanda da presa à administração.

CLASSIFICADA Expressão que descreve a presa com benefício do trabalho, interno ou externo. Presa classificada é aquela com bom comportamento, cujo trabalho lhe concede benefício de remição de pena. Uma falta disciplinar pode levar à perda de benefícios, também conhecida como atrasar a cadeia.

COBAL Sigla para Companhia Brasileira de Alimentos, mas na maneira de falar do presídio significa tudo que entra do fora autorizado pelo dentro. Há uma lista de bens autorizados a entrar que a administração do presídio informa às famílias – vão de higiene a alimentação. A COBAL entra às quintas-feiras em saco plástico transparente. A vida de uma presa sem COBAL é de penúria.

COLETE PRETO É o conjunto da segurança do presídio. Os agentes de segurança e os policiais civis vestem preto, e a diferença entre ambos é desconhecida para uma observadora externa. A cor é o que determina a localização de cada indivíduo na distribuição do poder de vigilância.

COMIDA MELHORADA Significa um melhoramento genérico da comida oferecida pelo presídio – a presa sai com a xepa do refeitório e na cantina adiciona condimentos, macarrão ou apenas esquenta a marmita. Pode também ser comida feita em fogaréu e panela privativos da cela. A comida melhorada é uma conquista das presas que têm acesso a dinheiro, seja porque trabalham, seja porque recebem visitas. A cantina é administrada por presas CLASSIFICADAS.

CONFERE O confere é um registro diário de fiscalização da população do presídio. O confere noturno verifica se as presas estão nas celas no horário de recolher. O confere de fim de semana certifica-se de que as presas do SAIDÃO estão no endereço indicado no arquivo do presídio. O confere é uma tarefa do COLETE PRETO de vigilância. Erros no confere são faltas disciplinares e podem resultar em perdas de benefícios.

CORRERIA Dinheiro produzido pela presa na cadeia. Espera-se que seja dinheiro lícito, recebido por trabalho para a remição de pena, mas a expressão "já estava com a correria feita" resume dinheiro no bolso, sem esclarecer a origem. As correrias lícitas mais comuns são lavagem de roupa e cela ou trabalhos manuais, como costura ou cabeleireiro.

CORRÓ Significa cela correcional, uma cela de espera em diferentes espaços do presídio. No Núcleo de Saúde, o Corró é onde ficam as presas quando descidas do pátio para o atendimento. Há vários Corrós no presídio e, apesar de se referirem à cela, são descritos no masculino.

CUBÍCULO Espaço reservado no camburão para o trânsito das presas do presídio para atividades externas, sejam estas cartório, fórum ou hospitais. Trata-se de uma cela no camburão. É nela que as presas se deslocam para o parto.

DESBANDONADA Corruptela de desbando com abandono. A presa está desbandonada por confusão, mas também por tristeza.

DOIDINHO Paciente em medida de segurança no presídio. No masculino, pois a maioria é de homens no presídio feminino da capital federal. Conferir LOUCO BANDIDO.

ESCRIBA É a presa alfabetizada, com boa letra e texto, escritora de CATATAUS. Algumas são escribas por vocação; outras, por sobrevivência. Umas poucas se recusam a usar os dotes letrados para o socorro alheio. Um CATATAU para o Núcleo de Saúde é vendido a 3 reais.

ESTOQUE Qualquer utensílio cujo fim é ser arma no presídio. Os estoques são produzidos com qualquer material disponível, pedaços de pau, escovas de dentes ou caixas. Estoque descoberto é FALTA disciplinar e resulta em dias no isolamento.

FALTA [GRAVE, MÉDIA, LEVE] Sistema de classificação disciplinar utilizado pelo presídio cujas regras estão previstas no regimento. As faltas disciplinares leves e médias são avaliadas pelo Núcleo de Disciplina; as graves devem ser julgadas pelo dr. Juiz e podem resultar em atraso da cadeia. A gravidade da indisciplina pode levar uma presa a passar de dez a trinta dias no ISOLAMENTO.

FERRINHO Tranca que fecha as portas das celas ou das alas. Em geral, a PASTINHA da ALA é responsável por abri-la sob a supervisão da segurança do setor.

ISOLAMENTO Um conjunto de três barracos em um poço no presídio. Local escondido e sempre úmido, o Isolamento é o espaço mais temido das presas. Nele estão as presas que cumprem pena por indisciplina. O pátio do Isolamento é um puxado de cimento e as telas são de zinco. É conhecido pelas vozes noturnas de crianças fantasmas choramingando.

JALECO BRANCO Representa os trabalhadores da saúde no presídio: assistente social, auxiliares de enfermagem, dentista, enfermeiro, farmacêutico, médico e psicólogo. São profissionais da saúde pública vinculados ao posto de saúde da cidade onde se localiza o presídio. Não são subordinados à segurança pública, mas trabalham na companhia dos COLETES PRETOS.

JANELINHA Microjanela na porta de ferro que fecha as alas. Quando a janelinha está fechada, não se vê o que se passa no interior das ALAS. A janelinha abre para o externo, ou seja, é a segurança quem a controla. A abertura da janelinha anuncia que o COLETE PRETO vai entrar.

JEGA É a cama do presídio. São beliches de três camas, cada estrado é conhecido por jega. Há mais presas que jegas no presídio da capital federal.

LARANJINHAS Expressão genérica para os psicotrópicos administrados pelo psiquiatra. Em geral, é ácido valproico, Depakene.

LOUCO BANDIDO São os pacientes em medida de segurança no presídio. A Ala de Tratamento Psiquiátrico (ATP) da capital é um puxadinho do presídio feminino; assim, há homens em medida de segurança no presídio. São indivíduos que cometeram crimes e cuja avaliação psiquiátrica os classificou como inimputáveis. No modo de falar do presídio, são DOIDINHOS. A ala dos loucos bandidos é separada das alas das mulheres.

MASSA É a população do presídio, o conjunto das presas que vive no pátio central. Só não estão na massa as presas que já atravessaram e vivem em ala separada.

MEDIDA DE SEGURANÇA Instituto penal aplicado ao LOUCO BANDIDO. Os homens em medida de segurança estão na ATP do presídio feminino; as mulheres, em cela no pátio geral.

MEDINA Sala de estar das alas, onde fica a televisão de dois palmos. Conta a história que o nome foi herança de uma novela.

NERVOSINHO Expressão genérica para os psicotrópicos de cor branca administrados pelo psiquiatra. Em geral, é o

Levozine e, no passado, foi o Rivotril, conhecidos também como branquinhos.

NERVOSO Expressão ampla para transtorno de saúde mental. Pode traduzir desde estados classificados pela medicina como depressão, angústia ou psicose até experiências transitórias de tristeza ou ansiedade. É usada com o possessivo, "meu nervoso" ou "meu sistema está nervoso".

P-ZERO É o isolamento do ISOLAMENTO, uma cela solitária no NPSA do presídio, próximo à ATP. No P-ZERO, a presa fica sozinha.

PARLATÓRIO Cela para as visitas íntimas. É utilizada nas quintas-feiras pelos casais que solicitarem vinte minutos de privacidade. Nos outros dias, é usada como cela solitária para as presas que não podem conviver nas alas, no SEGURO ou no ISOLAMENTO.

PASTA AZUL Arquivo de informações sobre a presa do Núcleo de Saúde. É também chamado de prontuário.

PASTINHA É a presa classificada cujo trabalho para remição de pena é o pastoreio de outras presas. Há a pastinha da saúde, responsável, em horário de recreio diário, por sair em busca das donas das receitas médicas para que recebam o saquinho de medicamento pela grade do pátio. Também há pastinha no refeitório, cujo dever é organizar filas.

PRAIA É o chão da cela onde as presas estendem o lençol à noite para dormir. Em celas lotadas, dorme-se de VALETE (duas na mesma JEGA) ou na praia. Há presas que não aceitam dividir a jega.

PRESA TRANQUILA Presa que não causa trabalho ao sistema. Não são ZICAS DE CADEIA e com cheiro da rua, como as crackeiras. Querem sobreviver para sair. Não são lideranças.

PROCEDIMENTO Movimentações e ações da segurança no presídio. Procedimento é também o gesto de abaixar a cabeça, virar-se para a parede e voltar as mãos para as costas, que as presas devem adotar ao cruzar com visitantes no presídio. Procedimento geral são dias de investigação nas celas, seja por denúncia, seja por suspeita de entrada de drogas ou bens desautorizados. Em dia de procedimento geral não há atendimento no Núcleo de Saúde.

PROVISÓRIA É a presa recém-chegada, que ainda não recebeu sentença judicial. Na capital federal, não há presas em delegacias, todas descem no bonde para o presídio. Quase a metade da população do presídio é provisória.

QUIETO Também conhecido por *queto*, é a privacidade da JEGA. Um lençol cobre o interior do beliche. Em geral, o quieto é usado por presas que namoram nas celas.

RESSALVA Expressão policial e administrativa para demandas excepcionais das presas. Ressalva é tudo aquilo que garante a uma presa ter acesso a benefícios ou privilégios não comuns ao grupo. Uma visita em dia diferente da quinta-feira é uma conquista de ressalva.

RODOVIÁRIA Espaço com telhado de zinco no pátio geral. Em caso de a sirene tocar em dia de visita, os visitantes devem permanecer na Rodoviária e as presas devem ficar encostadas à parede do pátio.

SAIDÃO Benefício da saída nos fins de semana. A presa com benefício do saidão se ausenta do presídio no sábado pela manhã e retorna na segunda-feira. O CONFERE certifica que o endereço indicado no saidão é onde a presa se encontra.

SEGURADOR DE BEBÊ Um bebê nascido no presídio permanece na casa até os seis meses. As presas consideram que os jalecos brancos teriam poder de "segurar os bebês" no presídio, ou seja, de mantê-los indefinidamente na casa.

SEGURO Uma única cela onde permanecem as presas ameaçadas por desentendimentos ou dívidas. As presas do Seguro não vão para o banho de sol no mesmo horário que as presas das alas.

SENTENCIADA É a presa com sentença judicial. Ela conhece a extensão de sua permanência na casa. Em geral, as sentenciadas são mais disciplinadas que as PROVISÓRIAS.

SOSSEGA-LEÃO Combinação de antipsicótico e sedativo usada em casos de crise psiquiátrica ou tentativa de suicídio.

TERESA Corda utilizada, em geral, para fuga ou suicídio.

TRANQUINHA Cadeado que fecha as celas ou alas por fora. As PASTINHAS ou seguranças das alas são quem a movimenta.

TROVÃO Medicamento para estômago. Em geral, é o Omeprazol.

VALETE Acomodação de duplas de presas nas jegas para dormir, uma para cada lado do colchão.

VISITA ESPECIAL O dia de visita é a quinta-feira. Visita especial ocorre em datas comemorativas do presídio – dia das mães, dia da criança e Natal –, ou por situações excepcionais das presas. Presas com familiares policiais, por exemplo, não recebem visitas no pátio, mas em espaço e dia reservados pela administração do presídio.

XEPA É a comida diária servida pelo refeitório e embalada em papel-alumínio. Há a xepa do sistema, aquela oferecida pelo presídio, e a xepa do refeitório ou da cantina, aquela comprada pelas presas.

XERIFA É a líder da ala. Em geral, é presa antiga e mantém o poder no braço ou na inteligência. Não se confunde com a cabrita.

ZICA DE CADEIA É a presa encrenqueira e barulhenta. Em geral, passa tempos no ISOLAMENTO ou no SEGURO por confusão que arrumou na casa ou por indisciplina.

A capa deste livro foi composta nas tipografias Dirtstorm (Typodermic) e Elza (Blackletra) e impressa em papel Supremo. O miolo foi composto na tipografia Adobe Garamond Pro, em corpo 11,5/15,5, e impresso em papel off-white no Sistema Digital Instant Duplex da Divisão Gráfica da Distibuidora Record.